Das Wärmste Schicksal

-

Jack B. Smith

Du bist das wärmste Schicksal
das ich je gekannt.
Der Herze Blume wächst an jedem
Moment an dem Du bist.
Füllt aus bodenlosen Krügen Leere.
Und befiehlt allen Tönen, die schreiend
im Schmerz meiner Seele wohnen,
schweigen.
Balsam dein Blick, dein Lächeln dringt wie
heiliges Licht tief in mich,
lässt mich alles vergessen was war.
Du bist immer bei mir.
Du tust mir gut.
Ich liebe und glaube an dich

Impressum

Bibliografische Information der Deutschen
Nationalbibliothek: Die Deutsche Nationalbibliothek
verzeichnet diese Publikation in der Deutschen
Nationalbibliografie; detaillierte bibliografische Daten
sind im Internet über dnb.dnb.de abrufbar.

© 2021 Jack B Smith
Herstellung und Verlag: BoD – Books on Demand,
Norderstedt
ISBN: 978-3-7526-3854-7

Manchen Menschen gibt Gott Liebe,
um aus Furcht, Ehrfurcht zu machen.
Einfach weil er diesen Menschen für alle Menschen
geschaffen hat.

Mein Teil der Geschichte fing damit an, ich erinnerte mich erst heute daran, mit meiner allerersten Freundin. Die war schon alles in allem sehr instabil und hatte auch ein relativ bewegtes Leben. Ich war mit siebzehn mit ihr zusammen, über ein halbes Jahr. Dann ist sie abgehauen und hatte sich eine geraume Zeit nicht mehr gemeldet. Ich erfuhr knappe zwei Jahre später sie hätte einen neuen und den dann geheiratet. Kurz darauf rief sie mich an und fragte mich ob ich mit ihr schlafen wolle. Und das war mein erstes mal. Es war ungeschützt, später erfuhr ich von ihrer Schwangerschaft. Gute acht Jahre später, wusste ich wo das Kind wohnt und wie alt es ungefähr war. Nie vergessen. Aber damals konnte ich nicht zu ihm, weil ich keinen Führerschein hatte. In dieser Zeit fuhr ich noch mit dem Linienbus, und kam auch immer an der Ortschaft vorbei in dem das Kind wohnte. Bis eines Tages an der Straße ein Rettungswagen stand und ein Rettungssanitäter einen achtjährigen Jungen reanimierte. Kurze Zeit darauf erfuhr ich erst das es nicht mein Kind war. Ob es ihr Kind war oder nicht weiß ich bis heute noch nicht sie ist nach von Bayern nach Norddeutschland gezogen. Auch nicht ob das Kind überlebt hat oder nicht. Seit dieser Zeit wusste ich eines, dass meine Kinder nicht in dieser Welt groß werden, sondern in meiner.

Ein Mensch der nicht zu seinen Gefühlen steht,
ist kein Mensch.
Ein Gefühl, das nicht beim Menschen bleibt,
gehört nicht zu ihm.

Manchmal denke ich an die zehn Jahre zurück. An meinen 24. Geburtstag. An den Tag als ich meine letzte feste Beziehung hatte. Dann denke ich was es für eine Zeit war die da war. Und wie ich die Zeit verlebte, diese ewig lange Zeit, diese zehn Jahre. Ohne Sex. Ohne diese Form der körperlichen Nähe. Es war eine Zeit die für viele unvorstellbar ist. Und die man mir heute eigentlich nicht mehr zutraut oder ansieht. Meine Gründe dafür waren eigentlich schon sehr vielschichtig. Da ich die eine über alles liebte und ich alles für sie tat wollte ich auch treu sein. Körperlich und seelisch rein bleiben. Was das auf der anderen Seite einen absoluten Freifahrtschein bedeutete. Sie vögelte durch die Lande das es krachte. Und was eine Spätere unbewusst und aus purer Gewohnheit machte tat diese mit Vorsatz und kontrolliert. Männer aussaugen wie ein Suchkubus und zum nächsten bis der auch keinen Saft mehr gab. Einen ihrer „Verflossenen" habe ich durch das größte Opfer das ich je in meinem Leben für die Liebe erbracht habe, das Leben gerettet. Weil ich wollte das sie glücklich ist, weil ich sie liebte. Keine zwei Wochen später hat sie der Gerettete vor die Tür gesetzt. Warum fragt ihr? Weil sie mit dem verheirateten Nachbarn gevögelt hatte mit dessen Frau sie noch vor vier Wochen bei der Entbindung ihres sechsten Kindes (endlich ein Mädchen...) dabei war. Bei Stein und Bein schwor sie sich ein das so etwas so sehr verbindet wie keine andere Sache auf der Welt.

Ja, von wegen! Irgendwann blickte ich um mich. Mein Auto, zwei quengelnde Kinder auf dem Rücksitz, Ihr Schäferhund neben ihr im Fußraum mit der Schnauze zwischen ihren Beinen, zwischen den Kindern die Beiden zum Tode geweihten Kanarienvögel. Der Rest vom Platz zugestellt mit ihren Sachen. Auf der Autobahn zwischen München und dort hinauf und noch gute sieben Stunden zu fahren. Knack... Aber da hat's mir noch nicht wirklich den Vogel Strauß aus'm Kopf gehauen, das kam später. Es war der Abend, nach knappen 8 Stunden Fahrt bei ihr im wohnlichen Zuhause. Den verheirateten Nachbarn mittlerweile zum Todfeind, seine mittlerweile Drogensüchtige Exfrau lässt sich jedes Gefühl aus dem Körper vögeln, ist sie mit einem neuen Freund in einen neue Wohnung gezogen. Ich habe also dank einer acht Stündigen Nonstop Autoschicht (einmal 10 – 15 Minuten Pinkel- und Tankpause) und eine Kopffeininfusion hinter mir und konnte deshalb auch nicht schlafen. Und welch Wunder, man vernahm in der Nacht von den beiden gevögel, das die selbigen im Umkreis von den nächsten drei Millionenstädten wachwurden. Hab ich erwähnt das ich damals noch immer sehr verliebt war? Und so stand ich nach erkalten des Liebesstollens auf und ging zu ihr. Sie nackt aufm Bett, blickt mich an und sagt „Was denn?!"

Ach gar nix....

Weißt du werte Holde, wenn du heute brennend vor mir liegen würdest, ich würde dich nicht löschen. Und da wäre ich noch gnädig. Andere, würden noch Brandbeschleuniger und ganz schlimmes Zeug drüberschütten und das was übrigbleibt in Katzenklo geben. Und das dauerdurchfallbehaftete Pelztier würde dann beim Bewusstsein wer das war Selbstmord begehen. Das ich an so was wie Liebe überhaupt noch Glaube, hängt eigentlich mehr von meiner Sturheit ab, als von meinem knapptodgeschundenen Herzen. Die Erfahrung zeigt mir eigentlich das es Schlimmer immer geht und das mit zunehmendem Jahren auch irgendwie der Quatsch nicht weniger wurde. Man muss dazu sagen Quatsch, in Form von „Ich würde mich nicht wundern wenn heute der Yeti und das Monster von Loch Ness mich zum Kaffee einladen".

Nach chronisch-komischen Zwischenspielen kam eine die war auch irgendwie besonders. Sie mochte Sauerbraten sehr. Mit Bohnen. Und so kauften wir Freitags für ihren Singlehaushalt immer knappe zwei Stunden ein. Und das waren die normalen Tage. An jedem Regal wanderte etwas aus ihrem Einkaufkorb heraus und etwas hinein. Und nachdem sie jedes Regal zum fünften mal umgegraben hatte standen wir endlich an der Kasse. Knappe 15 Minuten. Total normal. Dann endlich an der Reihe, die Verkäuferin hatte den halben Einkauf drüber gezogen, fiel ihr auf das sie den Sauerbraten vergessen hatte (bei den Gummibärchen) und nun auch die gefrorenen Bohnen nicht mehr benötigte. Storno. Die gefroren Langstiele zum Speiseeis und eine Eistorte herausgezogen. Weitere 15 Minuten. Dann waren wir fertig mit Einkaufen. Zuhause angekommen nahm sie die Eistorte, öffnete Kühlschrank und Gefrierfach und es fiel ihr auf

„Oh Ich habe ja gar keinen Platz im Gefrierfach!"

Immer wieder Freitags ging meine Hand vor mein Gesicht. Und das war an harmlosen Tagen...

Danach kam und blieb jemand 5 Jahre lang der nur dank meiner Umsicht und meiner Kombinationsgabe Luft zum Atmen hatte. Wo mir gerade einfällt das ich letztes Jahr um die Zeit einen beinahe Wohnungsbrand bei ihr verhindert hatte. Sie heizte immer mit dem Backofen die Wohnung. Und so auch an diesem Abend. Irgendwann gegen vier Uhr morgens wachte ich auf. Ihr war in der nach offensichtlich zu warm geworden und so hat sie einfach die Türe vom laufenden Backofen (auf 200 Grad gestellt) angelehnt. Ich habe mir dann anhören dürfen wie scheiß kalt es jetzt in der Wohnung ist und ob ich will das sie erfriert, und ob ich will das ihre Kinder krank werden.

Die momentane Lage will ich gar nicht wissen! Ich wurde gefragt wie man mit so jemandem zusammenlebt. Heute weiß ich gar nicht, man überlebt diese Person.

Es unterfordern mich mittlerweile so viele Sachen, ganz einfach weil ich Schlimmeres gewohnt bin. Irgendwer hat mal zu mir gesagt das man erst Probleme hat, wenn etwas oder jemand deinen Tod will. Und bis zu deinem Tod hast du nur Situationen von denen du lernen kannst, die dir Kraft geben und so weiter.

Die zehn Jahre waren Mitte 2015 vorbei als ich die neue Diagnose bekam. Und es waren dieses mal zwei da. Und beide unterforderten mich kombiniert. Ein Mitpatient sagte zu mir das das ganz Schlimme wären. Sag ich „Nein, die sind Kindergarten für mich, in Kombination!". Die mit der ich etwas hatte hat sich im Drogenrausch aus dem dritten Stock gestürzt weil sie in der Wohnung neben an den Schlüssel vergessen hatte und durchs Treppenhaus wollte und die Balkontüre zu war. Für mich normal. Hätte auch funktionieren können. Ja, hätte. Aber es fühlte sich nicht richtig an. Irgendwie Leer. Ganz ganz leer in mir. Und ich vermeide eigentlich Dinge die mir nicht irgendwie ein Gefühl der Lebendigkeit verleihen seit geraumer Zeit. Es gibt zwei Wege die ich da gehen kann um mich lebendig zu fühlen. Aber aus Gründen die ich hier nicht näher Beschreiben will, investiere ich mehr in Liebe als in den anderen Teil von mir, der entstanden ist als mein leiblicher Vater meiner Mutter während sie mit mir schwanger war die Zähne ausgeschlagen hat. Manchmal hilft einfach auch ein Wechsel der Blickrichtung.

Ich wurde einmal darauf gestoßen, dass kein Moment in meinem Leben je so Schlimm sein wird wie dieser vor meiner Geburt. Und es stimmt. Ich sehe seitdem vieles in einem anderen Licht. Meine dunkle Seite hat mir mehr Achtung vor dem Leben beigebracht als dieser

Zwangspazifismus in der westlichen Welt. Nie hat mich etwas mehr verletzt als die Liebe. Oder um genauer zu sein. Die Erwartungen die nicht erfüllt wurden. Immer wieder kommen Menschen die ich mehr als alles auf der Welt liebe und gehen dann auf unbestimmte Zeit oder ganz und gar aus meinem Leben. Kinder da, Kinder weg. Hoffnung da, Hoffnung weg. Und das immer und immer wieder. Jahr für Jahr. Ich will einfach mal etwas das bleibt. Jemanden der mich nicht in dieser Einsamkeit belässt. Ich habe zu meinem Bruder gesagt, dass ich nie wieder jemanden in mein Leben lassen werde wenn sie jetzt auch geht. Andere Fragen wie ich das alles aushalte und wann ich mal was für mich selbst mache. Ich glaube das war sogar eine Dame aus einem Laufhaus. Ich sagte ihr das ich das alles was Teil meines Lebens nur aushalte, weil ich nicht alles auf einmal mitbekomme. Und wann ich mal was für mich mache, da habe ich ehrlich gesagt noch nicht mal hier, noch nicht mal jetzt. Ich erfuhr über Jahre hinweg, keinerlei körperliche Nähe von irgendjemanden. Außer den kurzen Umarmungen im Freundeskreis und in der Familie. Und so habe ich angefangen in Laufhäuser zu gehen. Ist es jemanden wie mir lieber, zu wissen er wird angelogen, oder es später herauszufinden und das was er an Zeit und Ressourcen investiert hat an Schmerz in sich zu wissen?

Trotzdem war ich oft positiv überrascht, vom menschlichen Standpunkt her. Ich hier erwähnen muss, dass ich anders auf die Sache Blicke und von meinen Lebensumständen auch anders an diese Welt und die Menschen darin herangehe. Ich habe danke eines anderen Teiles meines Lebens die Fähigkeit zu erkennen ob mir jemand etwas vorspielt oder nicht. Und das Faszinierende daran ist daher in Verbindung mit den Damen an solchen Orten folgende Erfahrung. Ich weiß das die nicht Klara oder Gisela heißen. Anfangs spielten sie mir etwas vor, ab einem gewissen Zeitpunkt aber nicht mehr. Übersetzt heißt das, dass ich an Orten an denen ich normalerweise von Grund auf angelogen werde, die Wahrheit erfahre und Ehrlich mit mir Umgegangen wird. In der gesetzten normalen Welt aber, das „hier draußen", werde ich angelogen und es wird mir viel mehr vorgespielt als man meinen könnte.

Laufhaus bedeutet das die Damen die dort arbeiten das Freiwillig machen und im besten Fall nicht untes Zwang dort sind. Sie sind von sich aus dort eingemietet. Die durchschnittliche Tagesmiete für die Damen beträgt 100€. Die halbe Stunde arbeiten bringt 100€, die stunde 150€. Das sind meist die Grundsätze. Im besten Fall ist es jemand der es aus positiven Gründen macht. Aus eigenen Bedürfnissen heraus und nicht aus Zwang. Auch gelernt hat damit umzugehen. Wenn ich merke das ich damit jemanden verletze gehe ich da nicht mehr hin. Woran ich das merke? Ich habe die beste Schule dafür besucht, die Psychiatrie. Ich sehe so etwas aus Erfahrung. Trotzdem mir ist es lieber ich verletze jemanden damit nicht. Zum anderen rede ich mit den Damen normal. Und frage nach ob etwas in Ordnung ist bzw. erwünscht oder nicht. Wenn sie sagt nein, heißt das nein für mich und dann ist das ein ultimatives Verbot das ich ihre gegenüber respektiere.

Auch wenn die werte Herrenwelt da drin erfährt „Hey alter du bist der beste Stecher auf der ganzen Welt!", glaub mir das bist du nicht. Du kannst lediglich dein Wissen mit deiner Erfahrung verbinden und aufs Ergebnis schauen. Aktion und Reaktion. Alles andere ist der Osterhase. Grundsätzlich gilt frag niemals ob sie gekommen ist, frag ob es ihr gefallen hat. Auch wenn jemand eine normale Freundin hat. Ich frage ja meine auch was sie mag und was sie nicht mag oder ob es ihr gefallen hat.

Es sind Menschen mit schweren und Schwierigen Schicksalen und Lebensumständen. Mir persönlich ist es lieber wenn ich etwas von vornherein weiß, als wenn ich es hinterher herausfinde. Wenn ihr versteht was ich meine. Wenn ich etwas weiß, dann rechne ich damit und kann anders auf die Situation blicken. Ich bin nicht der beste Stecher auf der ganzen Welt, das können die mir tausendmal sagen oder was auch immer. Aber es ist ein anderer Teil um den es mir geht. Es geht um eine Grundeinstellung von einem Menschen gegenüber einem anderen. Was ich dank meinem Leben auch immer kann und das Merkt man auch. Habe ich oft gehört. Manche denken jetzt vielleicht wie jemand das machen kann. Aber eigentlich sollte ich hier meine Sicht auf die Dinge klarstellen. Menschen tun Dinge aus bestimmten Gründen heraus. Und auch dort Arbeiten bzw. sind Menschen die aus bestimmten Gründen, bestimmte Dinge tun. Es sind keine Pferde oder Steine für mich.

Wann immer ich helfen konnte, durch was auch immer habe ich geholfen, beraten oder Geschenke gemacht. Ich habe mich immer bedankt und war immer freundlich. Habe normale Gespräche geführt. Es hört sich vielleicht komisch an. Ich habe nicht das Recht über die einzelnen Schicksale zu schreiben. Ich hatte zwar die Möglichkeit, aber es steht mir nicht zu. Wenn es sich ergibt dann ergibt es sich. Ich kann nur folgendes sagen: Einige sind gezwungen, andere tun es um sich zu erinnern, andere um zu vergessen, wieder andere weil sie wollen, andere weil sie müssen. Es gibt ungenannte Gründe und offensichtliche.

Bei keiner bei der ich je war fühlte ich mich aber kein einziges Mal verloren oder grundsätzlich innerlich einsam. Ich würde gerne wenn ich könne vieles ändern an Dingen sowie Menschen die ich zu dieser Zeit kennengelernt habe. Mehr helfen, mehr tun für die Menschen an sich. Vielleicht habe ich das aber schon. Bei einigen weiß die Familie nichts von der Arbeit die sie tun und wenn sie es herausfinden, werden sie verstoßen. Aber warum eigentlich? Nur weil man dem Bild nicht entspricht das ein Mensch von einem anderen hat?

In der gesetzten offenen westlichen Welt wird für mich ein völlig falsches Bild von echter Partnerschaft vermittelt. Das obendrein noch Zeitlich und regional begrenzt ist. Die Frau soll mich glücklich machen. Und das hat für mich in so gut wie keinem Fälle etwas mit Körperlichkeit zu tun. Das eine kann ich immer haben, keine Kunst, keine Mühe, einfach so. Aber das andere, das in die Tiefe geht und bleibt? Im November habe ich dort jemand getroffen und sie ist auch Teil dieses Buches. Sie ist geblieben, bis heute. Auch jetzt.
Sie öffnete die Türe und ich fiel in sie hinein. Und das was ich dort fand blieb seitdem immer bei mir. Von Früh bis spät und egal was ich mache. Es ist das Gefühl Komplettheit und „Zuhause" auch wenn ich nicht an sie denke. Und ich habe gesehen das sie das Gleiche für mich in sich hat.

Ich mag ein gewisses Maß an Verrücktheit. Man kann mit einer verrückten Partnerin alles erreichen was man will. Wenn sie mich heute anruft, nur noch mit einer Unterhose bewaffnet aufm Kopf aus Helsinki, bekommt sie einen Anschiss. Und zwar nicht weil sie in Helsinki ist mit der Unterhose auf dem Kopf, sondern weil sie mich nicht mitgenommen hat! Mit mir kann sie Pferde stehlen, Genmanipulieren, Verwursten und an die Marsianer verkaufen. Wenn ich heute von selbiger Person Ausgenutzt werden würde, dann kann die Alte in Helsinki bleiben. Ich wollte dann an meinem 34. Geburtstag einen gewissen Zeitraum beenden.

Da ich die zehn Jahre ohne eine gewisse Form von Nähe selbst beenden wollte. Ganz unkonventionell in einem Bordell. Ich fuhr also durch die Nacht und kam von Haus zu Haus. Und als ich endlich nach endlosem hin-und herfahren endlich eingebogen bin, lief im Radio „Only You". Daraufhin hat mein Herz, mein Hirn und alles andere Püriert und es ging nichts mehr. Aber davor schweigen im Walde im Radio zu diesem Thema. Faszinierend. Vielleicht war es auch noch nicht an der Zeit dafür.

Schwestern der Magdalena.
In seidenen Marinegewand.
Durchbohrt dein flammend heilig Mutterherz,
mit sieben Schwertern Grausamkeit.
Das uralt gebrochen Herz scheint durch
des rostigen Klingens Antlitz strahlend
in die Welt, sie zu heiligen.
Um Mutter zu sein
für Söhne die kein Vater wollte.
Um Liebe zu geben für die,
die sie nicht kannten,
geben kannten, ewig suchend wussten,
an der Welt nicht fanden.
Heilige nicht die eine die euch gerettet,
der höchste heiligste Vater heilige sie alle.
Denkt daran das es eine gab die euch
das Leben und Zukunft gab
in diesem Meer der blutigen Tränen Schmerz.
Fragt nicht, sagt nicht schweigt.
Denn ihr wisst nicht...

Wenn meine Partnerin aus dem Bordell kommt, dann ist das ihre Vergangenheit, nicht ihre Zukunft. Zukunft hat sie mit mir. Das heißt ich helfe ihr soweit sie das nicht selbst macht, da raus zu kommen. Als nächstes helfe ich ihr auf die Beine, wenn sie das nicht selber schaffen würde.

Sie kommt aus einer sehr „Neo"- chrisltich geprägten Welt, in der das allgemeine Frauenbild im Allgemeinen nicht immer das allerbeste ist. Oft werden aus den Ländern aus denen diese Frauen die in Laufhäusern und dergleichen arbeiten, aus kulturellen Gründen sehr schlecht und teils wirklich Menschenunwürdig behandelt. Sie entscheiden sich dann für ein Leben in dem sie etwas mehr „Kontrolle" (gleich welcher Art auch immer) haben. Sie gehen den einzigen Weg der für sie offen ist bzw. offen zu sein scheint. Arbeiten sie dann dort und/oder haben sie dort gearbeitet werden sie im allgemeinen verstoßen. Der Satz - „Ich habe keine Tochter mehr!" fällt in diesen Fällen meist immer gegenüber diesen Frauen. Es gibt ihnen ein Gefühl abgrundtief wertlos zu sein. Dieser Satz fällt im allgemeinen nur, weil das Weltbild in dem die Mütter und verwandten dieser Mädchen/Frauen ein Weltbild haben bei dem diese Handlung und diese Welt eine der allergrößten Sünden darstellt. Es wird ein „heiliges" Bild zerstört und absolut abgelehnt inklusive dem Menschen der damit verbunden ist. Wenn das allgemeine kulturelle Bild überarbeitet werden würde und die Frauen in solchen Ländern respektvoller behandelt werden würden, würde es sehr viel weniger dieser Schicksale geben. Doch leider gibt es viel zu viele. Das Bild das wir im allgemeinen haben, bzw. aus kulturellen Gründen vermittelt bekommen ist nicht wirklich besser. Es ist lediglich mehr unterschwellig. Ich kann aus dem was Teil meines Lebens ist und von meiner herangehensweise anders darauf blicken.

Ich versuche so gut es geht den Menschen dahinter zu sehen. An sich ihn getrennt und differenziert zu betrachten.

Für mich ist sie und jede die Teil dieser Welt ist eine Schwester der Magdalena. Diese hatte die zweite Hälfte der Seele von eurem Erlöser (Liebe „Neo"- christlich angehauchte Gemeinde komplettiert) und konnte aus diesem Grund sein Schicksal überhaupt erst erfüllen, für euch am Kreuz zu sterben. Wer seid ihr, dass ihr sie verleumdet und verstoßt? Sie sollten euch in Wahrheit Näher sein als Töchter! Sie brauchen eure Liebe, Näher und Zärtlichkeit. Jede von ihnen würde ich jeder aus der gesetzten, seichten, satt-gemachten westlichen Welt vorziehen. Sie haben mehr Liebe, mehr Kraft, mehr Schärfe und Stärke im Leben als all ihr gesetzten Weiblichkeiten die mich aus den offensichtlichsten Gründen haben wollen. Für mich sind nicht sie die Prostituierten (weil im vornherein eine unbenannte Grundehrlichkeit herrscht) sondern es seid ihr. Ihr wollt mich weil ich Geld habe, Macht oder einen Namen. Ihr wollt nicht mich, den Menschen der ich bin, sondern das was ihr in mir seht und was ihr durch mich habt. Und aus diesem seichten Blick begebt ihr euch auf möglichst aufreizende Weise fortwährend in eurer Welt auf Partnersuche. Und im gleichen Atemzug beschwert ihr euch das man euch als „Fleisch" oder „Sexobjekt" ansieht? Was fällt euch ein?

Ihr fordert mehr Rechte für euch ein, in einer Welt die an dieser Forderung verdient. An dem Bild das sie mir und euch auferlegt. Ihr könnt und werdet einen feuchten Kehrricht ändern, weil ihr dazu viel zu satt und zu seicht seid. Es verursacht euch keine Schmerzen, es verhungert ja der andere. Ihr sucht einen einfachen Weg. Sie suchen den anderen. Nein sie haben mehr Stärke und Liebe in sich als ihr es je haben werdet.

Eine „Freundin" von ihr sagte heute das mein Herz-Stein-der-Weisen ein medizinisches Problem habe. Ich habe ihr darauf geschrieben solange ich nicht wisse welche Krankheit sie hat, werde ich mich auf jede vorbereiten. Und solange ich nicht weiß in welcher Hölle sie lebt werde ich in allen für sie leben. Und dann gab es noch das „Sie hat noch keinen Ring von Dir!" Ding. Ich habe ihr daraufhin gesagt, sie kann mein Herz haben, wenn ihres irgendeinen Lebensbedrohlichen defekt hat. Und das ganze heute noch. Und wenn es darum geht ihr einen Ring an den Finger zu stecken, kenne ich einen Pfarrer der traut uns auch jetzt noch um halb drei Uhr morgens! Zwar ne Stunde zu fahren, aber denkt hier irgendeiner das mich das juckt?!

Meine Therapeutin forderte immer für mich eine vernünftige bodenständige Partnerin. Irgendwie ist mir eingefallen, dass sie das was ich ihr damals im spontanen Gang hoch schalten nicht verstanden hat, weil sie genau das ist. Sie hat Vernunft in sich und Verrücktheit. Und diese Kombination will ich bei meiner Partnerin haben. Ich weiß das ich sie heiraten werde und Kinder mit ihr haben werde! Also lasst den Scheiß! Warum denkt die Welt ich hätte das nicht abgeklärt. Ach genau, zwecks mangelnder Kommunikation und Vorurteilen! Da wirst du bekloppt. Du weißt nicht was los ist und bereitest dich in alle Richtungen vor. Übst ihre Landessprache. Betreibst Seelenexorzismus um Zweifel bei dir selbst und allen Menschen die man Jahr und Tag triffst auszutreiben.

Ich hab seit Mitte November soviel gemacht das ich gar nicht mehr weiß was alles. Einmal dachte ich, sie hätte in ihrem Heimatland einen Zuhälter. Prompt habe ich eine Piratenbande zusammengestellt. Alles kein Problem, aber wenn man nicht weiß was los ist, ist alles los. Und huch positiv und ehrlich. Auch wenn sie das und viel Blöd-böses Zeug auf ihrem Lebensweg stehen hat aber es war schon mal schlimmer bei mir. Wenn ich spüre, das mein Herz Zuhause angekommen ist, dann weil es gefunden hat und nicht mehr sucht. Und im Moment und überhaupt seit diesem einen Augenblick, spüre ich genau das. Und immer noch diese beknackte Ungewissheit. Ich hasse meine Zweifel und meine Ängste und sie halten mich davon ab das in meinem Leben zu haben was mir wirklichen Frieden gibt. Irgendwie aus alter Verwundung von früher, aber ganz ehrlich, die denke ich hat sie ebenso wie ich.

So unähnlich sind wir uns da glaube ich gar nicht. Mittlerweile denke ich, dass jeder Kreuz froh ist, den anderen ins Leben bekommen zu haben.
Ich weiß nicht wo sie gerade ist oder was sie macht, ich glaube keiner hat je das für sie getan was ich für sie getan habe. Aber es hat auch keine in meinem Leben getan was sie erreicht hat.

Es war noch im November als ich einmal bei ihr war. Ich wusste von den treffen davor das ihre Deckenlampe kaputt war. Und jetzt war sie plötzlich repariert. Dann fragte ich sie ob der Hausmeister oder ihr Chef das Repariert hatte, und sie sagte nein das war sie selbst. Wie?! Ja, da war ich auch baff. Ich fragte sie auch nach den anderen Dingen die jetzt repariert waren ob das auch sie war oder ihr Chef. „Ach der..." meinte sie.

Es gibt immer jemanden der sagt er habe Zweifel, ob sie es auch ehrlich meine. Ähm ja... Ich bin Froh wenn ich eine bekomme die mir nicht während ich schlafe die Bude abfackelt und nicht aus dem dritten Stock springt nur weil sie in die Wohnung neben an will, weil es über das Treppenhaus einfacher schien! Zweifel?! Du hast keine Zweifel! Du hast Vorurteile und auf Grund dieser ein Rinnsal von Paranoidität! Ich hab Zweifel!

Weil sich der Quatsch bisher immer irgendwie gesteigert hat. Von Furchtbar zu Komisch zu

„Um Gottes Willen NEIIIIIIIIIIN!!!!!".

Aber ein gewisser männlicher Teil meines Umfeldes hat Zweifel... Knack! Er hat ja auch ein Haus, zwei Kinder und eine Frau die das Haus in wohnlicher Wärme hält und nicht regelmäßig über fünf Jahre in den neunten Kreis der Hölle stürzt. Ja es gibt Lichtjahre unterschied, zwischen meiner Normalität und der von Allerwelt.

Zum Beispiel mag ich meine Therapeutin sehr. Aber wenn ich sie mal ihren Lebenswillen aufgeben sehen will, sage ich zu ihr einfach wenn sie an der Momentanen zweifelt „Ich könnte ja auch immer wieder zurück zu...". Kennt ihr das, wenn eure Therapeutin mehr bleiche im Gesicht hat als der Pure Sonnenschein hell ist? Oder wie Therapiere ich meine Therapeutin....

Es vergeht mittlerweile kein Tag an dem ich nicht gefragt werde wie es der neuen Frau an meiner Seite geht. Und es ist nicht irgendwie falsches Interesse. Es ist eher so das sich die Menschen mittlerweile mehr Sorgen um sie machen als um mich. Weil sie merken das ich in mir etwas bestimmtes Großes warmes gefunden habe. Es war dieser eine Augenblick. Ein Gefühl, ein Blick der irgendwie so vertraut war. So wunderschön. So unaussprechlich einzigartig. Es ist bei ihr so als ob mir etwas altes in mir mein gesamtes Leben lang von ihr erzählt hätte. Sie hat wundervolle Haare, die schönsten Augen die ich je sah. Aber das ist es nicht wie sie aussieht, sondern wie der Mensch ist der sie ist. Ihre Seele, Ihr Herz einfach alles wie sie ist, ist wie pures ungefiltertes Glück für mich. Das ist eigentlich das schönste an ihr. Das sie mir einen heilig positiven Anstoß nach vorne gab und nicht in den infernalischen Tritt ins

Höllenfeuer. Und das sie schon ohne sie auch nur davor einmal gesehen zu haben Vergangenheit bei mir hat. Wenn die Zukunft mit der Vergangenheit spricht, kommt der Tag an dem die Gegenwart weiß was gemeint ist.

Und plötzlich ist da jemand. Dieser Mensch ist der letzte der bei mir ist, wenn ich Abends einschlafe und der erste der da ist, wenn ich morgens aufstehe. Auch wenn ich nicht immer an diesen Menschen denke, spüre ich diesen Menschen in mir. Jeden Augenblick meines Lebens seit dieser Mensch Teil meines Lebens ist. Und es ist wie eine wundervolle Blume die immer mehr wächst und mich von innen her wärmt. Und ich spüre das jetzt alles gut wird. Davor war harte kalte Einsamkeit und auch völlige Gefühlslosigkeit.
Sie gibt mir Energie um das hier zu schreiben. Faszinierend. Den Anstoß um mein Leben zu Ordnen und die Energie dazu. Sie machte damals die Türe auf und ich fiel in sie hinein, es war nicht wie sie aussah. Es war das was in ihr war und was ich immer in ihr sehe.
Es kann gut sein, dass ich das war.

Ja die Einsamkeit. Ich war's und bin's nicht mehr. Irgendwie ist die eine geblieben. Und ich hab wieder Luft zum Atmen. Was unbeschreiblich schön ist. Alle wollen wissen wer mich so Glücklich macht. Vor vier Monaten dachte ich noch ich fühle nie wieder irgendwas. Ich habe zwei Monate versucht Kinder und den alten Fluch der letzten Fünf Jahre zu verdrängen und auch irgendwie geschafft. Dann schickt mir eines meiner Geschwister ein Bild vom Neugeborenen und einer meiner Freunde eine Hochzeitseinladung und die Braut ist Schwanger! Hochzeit?! Schwangere Braut?!

Man sitzt dann so und denkt sich „Ich hab mich doch gerade hingesetzt, eigentlich könnt ich mich aber auch hinlegen." Und während man das so denkt, huldigen die umstehenden einem Geflügeldämon, tanzend in spastisch besessenen gleichen Feixtänzen. Im selben Moment versucht man jedoch eine Gollumgleiche (durch den Bacchusnektar erhitzte) abzuwehren und versucht aufs neue den Genuss derselben gefühlsabtötender Stoffe jeglicher Art und Form zwanghaft einzuschränken. Im nächsten Moment hört man es in Mark und Beine erschütternd bröckeln, verursacht von Jerichosposaunen, die den Auftritt der beiden Zeremonienmeister verheißen. Selbige blind und taub dir gegenüber gewordener Wesenheiten, die aus der Seelenhölle Schränke Folterinstrumente beschwören und Dich noch nie dar gewesen bis auf Mark und bleichstes Bein innerlich zerr-schinden. Beim Versuch zu Fliehen, um nicht im Labyrinth aus Wahngefühl und Fieberwahn der Gesellschaft irgendeinem gehörnten Untier das darin wohnt Anheim zu fallen, kommt aus anderen Spähren ein garstig Kobold wie Thors Hammer auf dich herabgefahren und stampft dich in Grund und Boden. Man sitzt gefesselt da, innerlich in unauslotbare Tiefen versinkend, fliegt mit giftigem Atem und Giftstachelnbestztem Gewand einer der Zeremonienmeister dir zur Seite und fragt an wann es denn bei mir soweit sei. In dem Momenten klingelt ein kleines Glöckchen bei mir im Kopfe und ich Antworte ihm „...Bald..."

Oder wie ich es auch nenne - als Single mit Familienwunsch auf einer Hochzeit mit schwangerer Braut. Vielleicht war es ja auch der verzweifelte aber eher unbewusste Versuch eines Freundes meinen Weltschmerz auf die Hochzeitsgesellschaft durch meinen Sarkasmus, der sich meist aus Fakt und Fiktion frei abwechselt, zu projizieren. Für den Teil, der das unbeschadet überstanden hätte und keine bleibenden Schäden davontragen würde, hätte das zwar eine Therapeutische Wirkung. Also quasi für mich. Für den

Rest vom Fest wäre das natürlich nicht lustig. Aber es war ja auch nicht meine Hochzeit. Bin da mal auf die gespannt.

Und deshalb bin ich da auch nicht hin. Da dreh ich am Rad! Und das letzte was die auf der Feier brauchen ist jemand der seinen Weltschmerz in Blutigem Sarkasmus über alle beteiligten ausgießt. Die wissen das ich Single bin und nicht immer an so einiges erinnert werden will. Ich gehöre zu den drei Prozent meiner Freunde und Bekannten und bin soweit ich das sehe der einzige meiner Geschwister der in keiner Konstellation eine eigene Familie auf die Beine gestellt hat. Und dann lädt man eine zur Hochzeit ein. Ich will nicht an Dinge erinnert werden die ich über Monate und halbe Jahre verdränge. Da dreh ich ab. Ich weiß ja das es gut gemeint war, aber trotzdem. Ein Freund der eigentlich hartgesottener Single ist kann sich mittlerweile auch vorstellen eine Familie und Kinder zu haben. Und wenn ich das alles so Recht betrachte wer gerade in meinem Leben ist stelle ich mir das auch vor. Und nein, nicht aus unlogischen Gründen. Wenn jemand auf diese Weise kommt und bleibt, dann wird er auf Herz und Nieren geprüft. Und keines der Lichter die leuchten sind gelb geschweige denn Rot.

Frauen können furchtbare Mistviecher sein!
(-Männer natürlich auch). Es gibt die einen wie die anderen, die leugnen durch ihre bloße Existenz den Sinn der selbigen, und Himmel und Hölle leugnen die Herstellung sowie die Rücknahme. Und verweigern obendrein noch die Rücknahme! Da fällt mir dieser eine Tag ein, der mich Hoffen lässt. Wieder einmal von meinem Fluch das Herz zerstört, durchstreifte ich wie Odysseus die Nacht. Als ich auf zwei Trunkenbolde Stieß die ich von einem Stadtteil in einen anderen fahren sollte. Was ich dann auch gemacht habe. Beide sangen

Lieder, wie Schlimm ihre Frauen sind und trösteten sich gegenseitig. Sie feierten eigentlich das sie ihre Frauen trotzdem liebten. Was mich zu dem Punkt bringt an dem ich sagen muss, dass es Schlimme gibt aber es immer auf die Art und Weise ankommt. Sysiphos hat auch seine Ideale Lebensaufgabe im Steine rollen gefunden und war Glücklich. Und vielleicht hilft manchen diese Betrachtung.

Trotzdem habe ich aus meiner Vergangenheit gelernt. Und gleich wie blöd auch je eine zu mir sein wird bzw. war, ich werde nie, weder einer Frau noch einem Kind, ein Haar krümmen. Aber weiß sie nicht was sie an mir hat, schicke ich sie in das Leben zurück aus dem sie gekommen ist. Das hat nichts mit im Stich lassen zu tun, sondern mit Respekt. Das ist Achtung vor sich selbst und seinen eigenen Gefühlen, und diese sollte man auch von dem Menschen bekommen mit dem man den Rest seiner Tage verbringt. Jemand weiß was er an einem hat oder jemand weiß es nicht. Ich bin sehr Stur was das anbelangt und setze diese hintergründige Gesetz gnadenlos um.

Ich habe mittlerweile mehr als genug Angebote die von weiblicher Seite an mich gerichtet sind. Und wüsste ich nicht wie manche andere Sache ausgeht würde ich schon sehr überlegen. Zum anderen wäre es nicht gerecht ihr gegenüber. Wenn ein Mensch so positiv in mein Leben einwirkt und es so sehr normalisiert und stabilisiert, dann hat sie den Platz an meiner Seite verdient und keine andere. Das will ich tun, müssen nicht. Zum anderen wen man liebt entscheidet das Herz nicht der Kopf und da ist sie viel zu positiv und massiv da. Ich weiß das einige Personen bei mir ankommen bei wachsendem Erfolg. Es sollte halt aber auch auf Gegenseitigkeit beruhen. Wenn ich etwas für jemanden tue, gleich ob materiell oder anderweitig, fordere ich nichts zurück und ich tue es gerne. Ich kann aber jede Form der Förderung beenden wenn ich merke das es auf Selbstverständlichkeit hinausläuft.

Ich bin kein Taxi und auch keine Bank. Ich bin kein Therapeut. Ich bin kein Eheberater und auch keine Lebenshilfe. Ich bin kein Pferd im Stall und auch kein Fiffi den man an der langen Leine hält. Ich habe Gesetze nach denen ich Lebe und brichst du eine oder mehre bestimmte dieser Regeln, die im großen Buch in mir steht, wende ich diese auch auf dich an und du stehst nackt in Helsinki bei minus 30 Grad. Ganz einfach. Es gibt in der heutigen Welt viel falsch übermittelte Vorstellungen einer Partnerschaft. Wobei die echte ganz anders läuft. Keine Garantie für ein „Wir bleiben ewig gesund und munter". Vergiss die Sicherheit in den Teilen deines Lebens die du immer gehabt hast. Und da spreche ich nicht von Finanzen und materiellen Dingen. Wenn jemand auf diese Weise in deinem Leben ist, dann musst du Gott und dem Leben vertrauen, dass er euch das größte Geschenk gibt das ihr beide haben könnt. Und das ist kein Sechser im Lotto sondern gemeinsame Zeit. Ich zahle für eine Stunde bei ihr 150 €. Das ist normal, aber es sei gleich gesagt das ich nicht käuflich bin, und das Geld nicht mein Leben bestimmt. Noch mich trennen kann von dem Menschen den ich Liebe.
Das letzte was ich in der Stunde will ist das mit ihr machen was sie den ganzen Tag hat. Ich will sie kennenlernen, den Menschen der sie hinter diesem Leben wirklich ist. Ich will sie halten. Ihr Gesicht streicheln, ihr in die Augen sehen. Witze machen, sie kitzeln. Über ernste Dinge sprechen, über allen Quatsch reden. All das und noch viel viel mehr. Weil sie in meinem Leben mehr ist. Wenn ich nicht bei ihr bin, bin ich trotzdem bei ihr, kein Tag in dem ich nicht an sie gedacht habe. Kein Tag in dem ich nicht versuche ihr und uns Zeit zu geben und ein Leben nach ihrem

jetzigen aufzubauen. Kein Tag an dem ich nicht mein Wissen und meine Erfahrungen nutze um sie aus einer verletzenden Umgebung in eine heilende zu holen. Ich gehe nicht einen Weg dafür sondern ich gehe alle die ich kenne nacheinander oder auch mehrere Gleichzeitig. Aber es sind lösbare Probleme. Wo ich immer noch denke...

„Lösbare Probleme?!
Huch wo kommen die den her".

Ich bin's ganz anders gewohnt. Das ich für zwei denken muss und Feuer löschen die die personifizierende Leugnung jeder göttlichen Logik über Nacht gelegt hat. Ich habe jetzt Lösungen gefunden für die es noch nicht mal Probleme gibt. Ich will jetzt keine Vergleiche ziehen oder so, ich finde diesen neuen Teil meines Lebens absolut Klasse. Wenn weibliche Wesen in meinem Leben irgendwie wissen was sie machen und auch selbst nach einer Lösung suchen. Geld ist nichts weiter als Bedrucktes Papier.

Man darf dafür seine Arbeit verkaufen aber niemals seine Seele. Leider läuft das so nur über Geld. Aber ich kann ihr etwas geben das mit Geld nicht zu kaufen ist. Sie ist jetzt Teil dieses Buches. Somit größer als sie momentan weiß und auch ein Stück weit unsterblich. Und falls du irgendjemanden wie sie in deinem Leben hast finde etwas das man nicht mit Geld kaufen kann und schenke es ihr. Ihr seid Menschen und solltet alles füreinander tun. Und man kann nicht alles über bedrucktes Papier beziehen.

Es gibt dieses einzigartig wundervolle Wesen nun in meinem Leben. Und ich gebe nicht auf. Sie ist eigentlich die die ich verdient habe. Jemand wegen dem ich Atmen kann, nicht jemanden der mich gebraucht weil sie gerade Sauerstoff braucht, und alle anderen sie ersticken lassen. Ich bin Verrückt nicht Wahnsinnig. Deshalb investiere ich auch in mein heiliges Herzfeuer mit allem was die Gangschaltung hergibt. Und ja ich hab ihr gesagt das sie hier drin steht...

Ich weiß auch jetzt warum sie einmal gesagt hat, dass sie lieber ein böserer Mensch wäre. Weil sie es nicht ist. Weil sie ein massives Helfersyndrom hat, genau wie ich. Und sie hat nicht verstanden was ich für sie empfinde oder konnte das auch nicht annehmen was ich für sie getan habe, weil der einzige Mensch der in ihrem Leben mit einem solchen Hilfsbedürfnis, den sie kennt sie selbst ist. Die Welt aus der sie kommt, hat sie deshalb immer verletzt und ausgenutzt. Sie verletzt und wahrscheinlich mehr als ich mir vorstellen kann. Aber ich will sie am liebsten packen und schütteln und ihr die Welt zeigen die auf sie wartet. Ich sage allen was sie für ein wertvoller und wundervoller Mensch ist. Und das man sie nicht deshalb verurteilen sollte, im Gegenteil.

Wer der sie je in deshalb verurteilt, weil sie aus dem Osten kommt und auf diese Weise ihrer Mutter geholfen hat, würde in unserer Welt das gleiche tun. Also mir persönlich fällt jetzt spontan niemand ein. Aber sagen sie ist doof und quatsch. In meinem Leben war es schon einmal unendlich schlimmer. Und das was andere für Probleme gehalten haben, sind für mich eigentlich gar keine. Es sind Situationen die nur aus einer Sicht betrachtet werden. Irgendwie gehe ich meist von ganz Schlimmen Dingen aus.

Ich weiß heute, mein jetziges Schatzi ist voll lieb, ach was sag ich der totale Wahnsinn. Und ihr haben nur die Möglichkeiten gefehlt und sie hat sich das alles anders vorgestellt. Das ist wie der Jackpot von Gott für mich, andere interpretieren das jetzt anders aber ich sehe es so. Weil es für mich auch genau so ist. Ich werde sie jetzt fragen ob sie wirklich in dem Restaurant arbeitet oder ob sie nur nicht wollte das ich mir Sorgen mache. Warum sollte sie das sagen? Warum sage ich das?

Weil ich nicht will das der andere nicht leidet, in der Form passt sie auch auf mich auf. Ich kann jetzt anders an die Sache herangehen und ihr jetzt auch Hilfe anbieten. Aber ich will keine Gegenleistung außer ihrer Zeit. Bezahlt hat sie am Tag an dem ich sie kennenlernen durfte, sie mir den Anstoß zum Regeln meines Lebens gegeben hat. Und eigentlich hat es anders angefangen als es jetzt ist. Und ich finde es eigentlich sehr schade, dass ich der Teil in Ihrem Leben war. Ich meine den Ort an dem wir uns getroffen haben. Warum nicht an der Tankstelle oder im Supermarkt.

Es ist Teil ihres Lebens und auch Teil meines Lebens. Ist so, ich akzeptiere das und gehe weiter auf meinem Lebensweg. Das dies ein Teil meines Lebens ist mit dem hat niemand bei mir rechnet. Aber ich gehe anders an die Sache heran weil ich viele Teile in meiner Vergangenheit und meiner Entstehungsgeschichte habe, die mich einzigartig darauf blicken lassen. Ich bin anders und die wenigsten wissen wie anders.

Sie sagte einmal zu mir ich könnte nur hier sitzen und dich halten und einfach nur da sein. Genau das ging mir nicht mehr aus dem Kopf. Ich wusste nicht warum. Bis ich dann einfach mal hingefahren bin und genau das gemacht habe. Wir sind da gesessen und haben uns gehalten.

Sie hat meine Glatze geküsst und war glücklich. Und dieses erste mal so bei ihr hat sie kein Geld verlangt. Auch das dritte und vierte mal nicht. Beim vierten mal habe ich gemerkt das etwas nicht stimmt. Der Betreiber hat gemerkt das jemand kam und kein Geld dagelassen hatte oder das sie das unterschlagen hätte. Sie bekam Ärger.

Die Unendlichkeit der Sonnenmeere,
floss durch ihre Augen.
Sie erfüllten ihn mit unendlicher Wärme
und Licht das jeden Schatten in ihm überflutete.
Auch wenn sie nicht um ihn war,
gleich wo sie war.
Diese Wärme begleitete ihn durch den Dornenwald
seiner seelischen Labyrinthe.
Auch nur angeritzt sprudelte gleißendes Licht von innen
her
und heiligte jeder dieser Stigmata.
Mit geerdetem menschlichem Stolz und wachsender
Heiligkeit trug er jede davon als wäre sie die größte der
Auszeichnungen.
Und von der Personifizierung
jeder Schönheit selbst verliehen.
Das Blut seiner Seele heiligte jeden seiner Schritte und
ebnete ihn hin zu ihr.
Zu ewiger Zweisamkeit,
die die zeitlosen Ewigkeiten durchwebte.
Mit Schwert und Schild standen sie
immer da und wachten,
einer vor dem anderen miteinander.

Also habe ich 150 € genommen und habe ihr eine Stunde geschenkt. Es war ihr sehr unangenehm, das habe ich gemerkt. Ich sagte ihr das es in Ordnung sei und das eine andere Zeit kommt. Ich habe mehr Geld dort gelassen um Zeit mit ihr zu verbringen als um mit ihr andere Sachen zu machen. Und ich würde jeden Preis zahlen um Zeit mit ihr zu verbringen. Geld ist bedrucktes Papier. Und sie ist der Mensch den ich liebe.

Und ich liebe sie nicht weil sie wunderschön ist, sondern aus einem ganz anderen einzigartigen Grund. Sie ist geblieben als ich ging. Sie war nicht meine erste und nicht meine letzte. Aber sie ist geblieben und das mehr als positiv. Das ganze außen herum ist relativ egal.

Und ich kann auch Momentan anders auf die Sachen blicken. Ich nehme mich selbst und frage mich was ich getan hätte an ihrer Stelle. Und seit dem kann ich auch andere Dinge ableiten. Und auch richtig ableiten.

Sie sagte immer sie sei dumm. Aber eigentlich ist sie das gar nicht. Sie weiß nur manche Sachen nicht. Und Unwissenheit ist keine Dummheit.
Unwissenheit bedeutet Unerfahrenheit und das Unvermögen zu Wissen zu kommen das man benötigen würde.

Es gibt auch weniger Intelligente Menschen die aber nicht weniger herzlich sind aber das meine ich auch nicht. Wenn ich einen Teil meines Lebens habe und diesen Teil immer wie ein Werkzeug behandle und nicht für ihn dankbar bin und nicht sehe wie sehr ich ihn verletze weil ich zu stolz und zu stur bin, das ist für mich Dummheit für mich.

Wenn meine Kinder keinen Vater haben und sehe das ich jemanden in meinem Leben habe zu dem sie Papa sagen obwohl er es nicht ist und den dann mit Stolz, Sturheit und absolut verletzender Uneinsichtigkeit immer und immer wieder aus meinem Leben trete wenn er gerade keinen Platz darin hat. Das ist für mich Dummheit. Wenn ich nicht merke wie sehr ich einen Menschen mit alle dem verletze und trotzdem weitermache, weil ich zu Stolz zu Stur und zu uneinsichtig bin, ist das für mich Dummheit. Aber mein neues Schatzi gibt mir mühelos und unmessbar positiven Anstoß in meinem Leben.

Alles was diese tun müsste ist einmal einen Blick auf das werfen was sie in meinem Leben wundervolles bewirkt. Was eigentlich mehr als mir momentan bewusst ist und sich jeden Tag vermehrt. Und da muss ich einen Dank an jemanden aussprechen der im Leben ihrer Tochter fast zu viel Richtig gemacht hat.

Als ich sie traf war es zu einer Zeit in dem ich nicht wirklich außer Haus ging. Normalerweise bleibe ich Zuhause oder fahr maximal einmal im Monat auf einen Kaffee an den Chiemsee. Oft spiele ich bis drei Uhr morgens Online-spiele. Sie sagte ich solle nicht soviel spielen sondern abends weggehen. Und so habe ich im November damit angefangen in eine Bar zu gehen. Ich habe gut dreißig neue Freunde und bin dort relativ angesehen weil ich schreibe bzw. kein einfaches Leben habe und es so auf die Reihe bekommen habe.

Das alles nur wegen ihr. Weil sie mir den Anstoß gegeben hat. All das was in diesem Buch steht und was ich seit November erreicht habe und noch erreichen werde nur wegen diesem einen unendlichen Augenblick. Jeder der dieses Buch liest, liest es nur deshalb weil sie mir den Anstoß dazu gegeben hat. Jetzt ist sie auch Teil deines Lebens....

Das erste was ich dachte als ich sie zum ersten mal wirklich traf war nicht „Ey boah ist die geil!" sondern „Du bist doch wer anderes, und gehörst doch hier nicht her". Und das tolle dabei ist das ich damit richtig gelegen bin. Was ich über die Zeit erfahren habe und was ich heute weiß, was sie nicht weiß, hält mich aufrecht. Dieses Gefühl von dem „Gefunden haben und an dem Ort bleiben der immer bei einem bleibt" habe ich seit ich sie das erste mal traf.

Es war auch nie wirklich weg. Ich bin nur manchmal aus meiner bisherigen Erfahrung davon ausgegangen, dass die Marsianer Angreifen und ich die Invasion verhindern muss so was. Und meistens haben sich auch noch alle Höllenpforten gleichzeitig geöffnet, die Zombie Invasion und der dritte Weltkrieg brachen auch noch aus. Alles gleichzeitig. Das war bisher. Vom schlimmen ausgehen, dass aber bei näherer Betrachtung tatsächlich aber nicht mehr messbar schlimmer war. Da untertreibe ich gerade um Welten und ganzen Dimensionen.

Die Situation bei ihr ist Mathematik der Situationen. Das kann ich auch irgendwie. Und weißt eigentlich nur noch die unbekannte Größe der Bereitschaft zur Verständnis bei den Faktoren in ihrem Leben auf. Das ist Momentan das einzige um das ich mir noch Sorgen machen könnte. Aber eigentlich auch nicht wirklich.

„Noch eine karmische Verbindung? Wie viele habe ich denn?" „Ähm lass mich mal kurz nachzählen. Also...das...wären...dann..ähm ja...alle hier...auf der Welt..."

Manche Menschen sehen etwas oder hören etwas und ordnen es sofort ein. Wissen aber in Moment nicht ob sie wissen was sie sehen oder gehört haben. Aber sie ordnen es in der Form ein die für sie ein Zuordnung zulässt. Was eigentlich kompletter Blödsinn ist. Die gesetzten „Normalen" werden und können aus bestimmten Gründen auch nicht verstehen was ich gefunden habe. Ich weiß nur das ich das was ich gefunden habe zu dem Zeitpunkt nicht gesucht habe und es vielleicht auch deshalb gefunden habe. Bei näherer Betrachtung habe ich mir all die Jahre nicht von dem Herzpürierstab erzählt sondern von meiner jetzigen. Ich muss nicht immer allen erklären was ich gefunden habe.

Ich muss weder ihr und auch keiner anderen oder einem anderen Rechenschaft ablegen oder erklären was ich tue und warum ich das tue was ich tue. Ich muss es nur mit einer Person klären und das bin ich selbst. Es gibt eine bei ihr auf der Arbeit die ist einfach nur neidisch und vergönnt jemanden wie Schatzi und mir nicht was wir haben. Es war ein einziger blöder Tag. Die Kollegin meinte das nie etwas „Genug" wäre. Was weiß diese blöde Kakerlaken Knallfrosch „Kollegin" was „Genug" ist oder was ich schon alles für mein Schatzi getan habe. Und diese Bezeichnung bekommt sie nicht weil sie da arbeitet, sondern weil sie aus purem Neid und Eifersucht, mein Schatzi manipuliert. Bekommt auch jede andere unabhängig ob sie da arbeitet oder nicht und so zu mir und meinem Schatzi ist.

Andere sehen ein Pferd in ihr oder irgendwas anderes. Ihr wisst ja was ich sehe und was mir das was ich gefunden habe wert ist. Mir wäre es egal ob bei ihr die Außerirdischen angreifen und tausendfach anderer Quatsch los ist. Ich habe immer zu ihr gehalten egal was los gewesen wäre. Ich stehe zu dem Menschen den ich liebe und ich stehe auch zu meinen Gefühlen.

Schwierigkeiten sind eigentlich keine Schwierigkeiten sondern Chancen. Vor allem aus denen man lernen kann und aus denen man stärker hervorgehen kann. Ich bin zu der letzten zwar genauso gestanden wie ich zu der heutigen stehe, weil ich das generell mache. Sie ist meine Partnerin. Und wenn sie es mir nicht wert ist das ich das Beste aus mir heraushole um sie glücklich zu machen dann läuft bei mir was falsch.

Aber heute weiß ich das es in jedem Fall falsch läuft wenn sie nicht mitarbeitet. So wie ich die neue in meinem Leben kenne, gehe ich in vollendet erhöhtem Prozentsatz davon aus das sie das auch machen wird. Andere machen das nach fünf Jahren noch immer nicht und lernen nichts daraus. Deshalb setze ich jetzt mehr auf meinen heiligen Gegenpol als auf den alten Herzpürierstab.

Ich denke sie ist verdammt dankbar jemanden wie mich in ihrem Leben zu haben, was ich auch zurückgeben kann. Zum anderen denke ich auch, wenn ihre Familie weiß wie ich ticke das die das dann auch fördern werden. Meine Welt merkt das ja auch und ihre wird das genauso merken.

Sie verletzt mich auch auf bestimmte Weise. Sie löst dieses „Ist die Irre mein Leben so positiv zu verändern und bleibt dort? Ich muss ihr irgendetwas zurückgeben"-Gefühl aus. Macht mich verrückt. Der Rest tut nicht Weh. Ich meine den Menschen der sie ist. Ich meine das Leben das sie hat verletzt mich weil es sie verletzt. Deshalb aufgeben?

Es gibt Menschen die haben ein erhöhtes Durchhaltevermögen. Andere sind sehr diszipliniert. Wieder andere sind Stur. Und dann gibt es da noch mich. Wenn ich mir etwas in den Kopf gesetzt habe, dann fangen automatisch alle in der näheren Umgebung an zu beten. Um Beistand, oder Erlösung, oder was auch immer. Kennt ihr das wenn euch einfach der Wille fehlt zum aufhören. Ich kann aufhören, von jetzt auf gleich. Nur habe ich keine Lust dazu. Ich habe doch gerade erst angefangen und es fängt langsam an Spaß zu machen. Am Anfang habe ich absolut improvisiert, aber mittlerweile weiß ich eigentlich genau was ich da so mache. Auch mal angenehm...

„Was machst du da schon wieder?!" Ähm, das weiß ich selber noch nicht zu hundert Prozent. Ich fange halt an und Improvisiere mich dann meistens durch. Spezifische unspezifische Dinge aus nicht näher beschreibbaren Gedankengängen.

Wenn jemand sagt ich bin anders, dann sollte man ihm sagen das er noch nicht genug von anders sein ausgeht. Ich stehe nicht da drüben sondern dort. Da stehe ich und kann nicht anders. Und meistens tun sie mir alle leid. Nicht weil sie an mir verzweifeln sondern eher weil sie nicht die Dinge können die ich kann.

Die letzte Alte hätte noch so doof sein können, aber mich zum Aufgeben zu bewegen, war ein Ding der absoluten Unmöglichkeit. Es gibt Leute die sagen ich kann nicht und versuchen es selbst noch nicht mal. Wenn ich es bei meinem 5 Jahres Herzpürierstab auf einen kleinsten Nenner bringen müsste, würde ich sagen, mir war bei der Kuh langweilig.

Ja, eigentlich war es das. Mir war langweilig. Sie hat mich gelangweilt. Und von Langeweile werde ich Müde mit der Zeit. Und ich hasse diese Art der Müdigkeit. Bei der neuen weiß ich auch noch nicht wo es hinführt, aber nach knappen zweieinhalb Monaten schon aufgeben? Habt ihr nen Knall?! Nix aus der Geschichte gelernt wie es aussieht. Und wenn die am Mars wohnen würde! Mir wäre das so was von Knallfrosch das es piept! Wenn ich zum Mars will dann schaffe ich das auch. Von mir aus gehe ich zu Fuß. Dauert halt, aber wäre mir egal...

Die Leute die so in meinem Leben stehen, sehen ja die positive Entwicklung und meinen neuen Lebenswillen. Ist auch nicht normal bei mir, nur nebenbei bemerkt. Und ich soll ihr Grüße sagen und vielen Lieben Dank von allen. Familie und Freunde und und und. Nur ich wollte das nicht jeden Tag über das Handy schreiben.

Ich beschloss eine Dankeskarte zu machen und alle unterschreiben zu lassen die ich so erreichte. Nur der Tag war recht doof gewählt, ich hatte nur knappe drei Tage Zeit, weil sich unsere Monatliches Kennenlernen wiederholte und ich es ihr zu diesem Anlass schenken wollte. Es unterschrieben weit über 30 Menschen, und das waren nur die die ich in diesem Zeitraum erreicht hatte. Hätte ich mehr Zeit gehabt, hätte eine Karte bei weitem nicht gereicht.

So, jetzt wo ich die Karte hatte, hab ich ihr gesagt ich habe eine Überraschung für sie. Sie sagte sie will das nicht haben. Was mich wieder zu altbekanntem Punkt bringt. Ich weiß nicht was es ist, aber ich will's nicht haben. Ähm ja....

Das ist so als würdest du eine Flasche finden, ein Geist kommt raus und sagt du hättest alle wünsche frei, du aber fragst ob auf seiner Behausung Pfand ist. Oder reibst erst gar nicht und wirfst die alte Flasche sofort ins Altglas. Wie Sinn-befreit. Auf der Karte stehen jetzt X-kreuzfrohe Leute drauf und alle Lieben sie und wollen danke sagen. Weil sie so positiv auf mich und mein Leben wirkt. Was meint die Alte was sie von mir bekommt?   Teil-vergoldete   gefriergetrocknete Gelbbauchunken oder wie?! Die würde ich jetzt aber auch nicht nehmen, sollen aber lecker sein - hab ich gehört.

Kennt mich halt noch nicht wirklich. Vorbei an der Welt war auch irgendwie das nicht beteiligen einer guten Freundin an eben jener Karte. Mit der Begründung, wenn es dann nicht funktioniert bin ich wieder innerlich zerstört, und Hänge wieder voll depri rum! Ja, ist auch logisch. Aber wie zerstört wäre ich denn wenn ich es noch nicht mal versuche?

Dann kann sie mir was vorwerfen - Du hast es ja auch nicht richtig versucht. Willst du was gelten mach dich selten, schrieb sie auch noch. Auch klar. Aber ich bin nicht selten sondern einzigartig. Und die Menschen die das wissen lassen mich gar nicht mehr weg und tun alles damit ich in ihrem Leben bleibe.

Und all das verstehen viele nicht, keiner weiß wie ich bin. Ich habe meine beiden Bestien, die beste wie die schlimmste, gefüttert und am Leben gehalten weil ich beide für mein überleben Brauche. Und ich kann alles erreichen was ich will. Und ich kann an jeden Ort gehen und niemand hält mich auf. Den ich bin schon an jedem Ort wenn ich den Entschluss fasse ihn zu erreichen. Ich bin die Wandelnde Ewigkeit.

Das einzige was ich nie bezwingen konnte war mein Herz. Und das ist auch der Punkt. Ich denke nicht das jemand stirbt den ich liebe. Sondern das ich es weder mit meinem Herzen noch meinem gewissen vereinbaren kann jemanden diese Zukunft anzutun. Meinen Kindern...

Das erste auftreten von ihr liegt weit zurück als ich noch Wahrträumen konnte. Was bedeutet ich habe die Zukunft gesehen im Traum. Heute weiß ich warum ich das alles so gesehen habe wie ich es gesehen habe. Es war absolut einzigartig die Verbindung die ich im Traum spürte. Wirkliche wahre Liebe, tief und endlos wundervoll. Und dann sieht man diesen Menschen im Wahrtraum, während er sterbend in deinen Armen liegt, mit dem letzten Atemzug „Ich liebe dich!" sagen. Heute weiß ich, dass diese Träume auch eine Mischung von Symbol und wirklichem Wahrtraum sein können und das ein Symbol war.

Tod bedeutet Veränderung. Und das hat sie ja. Bums sie war da, mein Leben von jetzt auf dann anders. Aber weiß das mal. Ich bin immer in eine Beziehung gegangen mit dem Gedanken, die liegt irgendwann sterbend in meinen Armen und sagt mir dann erst das sie mich liebt. Die Ideale Voraussetzung für eine gesunde Zweisamkeit....

Was ich auch irgendwie hier erwähnen muss, dass es auch seit gestern etwas anders ist. Irgendwie besser. Wir reden ja immer noch. Und ich weiß ja, das irgendwo da oben meine Kids hocken und auf uns aufpassen. Vielleicht auch in der Zukunft oder so. Ja die nicht-materielle Welt. Spannender Raum. Ich Liebe immer die Zeitangabe „Bald", aus zeit-befreiten Spähren. Immer Interessant von einem Ort eine Zeitangabe zu bekommen, der an sich keine offenbare Zeit kennt. Egal. Da sind meine Kinder die ich noch nicht mal habe und die ich hatte und ich glaube auch das ich denen so ein paar Sachen beigebracht habe, denen die da waren.

Die die kommen beraten sich mit denen die waren wie es am besten ist. Faszinierender und eigentlich auch ein sehr schöner Gedanke. Ich spüre einfach das da jemand ist der auf den ganzen Quatsch aufpasst. Vielleicht haben sie auch in der Zukunft andere Möglichkeiten, oder ich habe ihnen so ein paar Sachen beigebracht. Ich weiß ja, das ich das kann. Es gibt halt immer irgendwie Dinge die ich am Arsch nicht verstehe und total Kacke finde. Und am Ende hatten sie irgendeinen Sinn gemacht.

Bei der Lösungsaufstellung habe ich mich von der alten Bekloppten gelöst, schon standen Kinder da. Also meine eigenen, die davor Teil meines Lebens waren und mich als Wunschvater sahen, sowieso. Seit der Aufstellung verstehe ich sie auch einen echten Zacken anders und es wird auch jeden Tag besser. Trotzdem weiß ich halt, dass das mit ihrer Mutter, ihr richtig reingeht. Ihre Geschwister zahlen nicht. Da ist sie alleine. Regen sich aber auf das sie überhaupt was macht. Ja und warum sollten sie auch zahlen, dass macht ja sie. Alle haben irgendein geregeltes Leben und die einzige die was macht geht daran kaputt. Ich sag da echt was wenn ich ihren Bruder oder so sehe. Das geht nicht.

Auch wenn sie es für alle Liebe der Welt macht. Es gibt mehr als einen Weg auch wenn sie das machen will und Hilfe ablehnt. Der Blödsinn staut sich auf und irgendwann hat sie ne fette Depression oder so etwas wenn das so weitergeht. Und dann kann sie erst recht nicht mehr arbeiten. Wo kommen wir den da hin?! Ich glaube, dass nicht nur sie das ist was ich mein Leben lang gesucht habe, sondern auf irgendeine Art hat sie mich auch gesucht. Es findet zusammen was zusammen gehört.

Es gibt Lebenspartner und Lebensabschnittspartner. Karmische Verbindungen und so weiter. Und wenn sich bestimmte Teile meiner Familie sich tausendmal aufregen wo sie gearbeitet hat und wo sie her ist. Sie kennen sie nicht. Aber ich auch noch nicht zu hundert Prozent. Und jeden Tag wird es auf wundervolle Art besser. Auf alle Fälle wundervoll nah und wunderschön. Viele Dinge sind einfach da und haben positiv eingewirkt. Wenn's meine Kinder waren, Gruß vom Papa ich liebe euch.

Auch wenn sie denkt sie kennt ja keinen. Sie kennt mich und das reicht meistens über alle Himmel weit. Denn ich kenne mehr als genügend Leute. Und wenn ich etwas herausfinden will, dann finde ich halt einfach was raus. Ich weiß immer mehr über die Dinge als ich sage und das was ich nicht weiß, finde ich heraus.

Da funktionieren halt die Buschtrommeln in der materiellen Welt und in der nicht-materiellen Welt zu gut um mir etwas nicht zuzutragen. Auch wenn jetzt die Geschichte mit der Mutter kompletter Blödsinn bei ihr wäre, was Situationsmathematisch schon einen Zacken an Wahrscheinlichkeit dazu erhalten hat. Weil es einfach zu viele Faktoren gibt die nicht passen.

Dann hat sie mich angelogen. Aber ich weiß auch aus der Situation die ich dann daraus schließe, dass sie das tun musste und nicht wollte. Und ich weiß das sie das verletzt hat, den Menschen den sie liebt anzulügen. Das habe ich ihr auch angesehen. Aber da das alles hineinspielt lasse ich die gesamte Situation noch einmal durchleuchten. Versuche ihr jede Hilfe zukommen zu lassen die ich so kenne. Auch wenn die Wege die Informationen, Dinge und Situationen im Allgemeinen nehmen, es ist nichts umsonst.

Alles passiert aus bestimmten Gründen heraus. Am Ende kommt aber was gutes dabei raus. Und sollten auch die Apokalyptischen Reiter persönlich gerufen werden, (Mit denen war ich erst letztens einen trinken, Coole Jungs, machen echt Party) weiß ich immer noch ich habe Kinder mit ihr und werde sie heiraten. Eigene Familie haben, Haus und so weiter.

 Ich weiß immer mehr als ich sage. Ich denke mehr als nötig ist. Ich wäge ab und ich fühle hinein. Und da ist immer noch dieses gute Gefühl. Zumindest besser als das Vakuum das ich von Juli bis November hatte. Und irgendwie seitdem auch gleichbleibend. Jeden Tag und egal was ich auch mache, und das ist sehr Interessant. Es war jetzt nicht wirklich ein Tag an dem sie weg war. Oder an dem ich nicht direkt an sie gedacht habe. Um meine verstorbene Kartenlegerin zu zitieren -

„Die liegt in deinem gesamten Blatt und beeinflusst alles positiv."

Und auch meine neue Kartenlegerin sagte recht zeitgleich das Gleiche. Wenn ich Karten lege komme ich auch immer das Ergebnis raus – Großes Glück, Heirat, Kinder, guter Ausgang in der Liebe. Immer und das seit November. Seit dem ersten mal. Und das immer wieder.

Das ist einfach schön. Alles was die Kartenlegerinnen gesagt haben hat bisher gestimmt. Sie sagten über Schatzi, dass sie ein Geschenk ist.

Was noch nicht ist kann noch werden. Bin gespannt. Zu manchen Dingen hab ich halt einfach Talent. Ich kann alles irgendwie von allen Seiten betrachten und auch irgendwie für diejenige Person zum besten verwenden.

Also... „Der dreht alles Schlimmste um 180 Grad und legt's dann zum Besten aus, und wertet mich damit immer mehr in seiner Welt auf. Was soll das? Wie werde ich den wieder los?" Mich loswerden?
Wird schwer. Hab noch nicht mal angefangen...

Oft denke ich das es einfach ein Problem der Kommunikation ist das zwischen zwei Menschen steht. Weil Menschen eine gewisse Art von Miteinander gewohnt sind. Sie dazu bringt, Dinge in Aussagen oder Handlungen zu implizieren, die sie aus ihrem bisherigen Leben gewohnt sind.

Obwohl die Menschen die zum ersten mal miteinander Reden im Grunde genommen nichts voneinander wissen. Sie legen Handlungen und Aussagen nach ihrem bisherigen Leben aus.

Und dabei kommt es an aus welchem Leben sie kommen. Und was sie mit ähnlichen Dingen verbinden. Sie ordnen ein. Wenn ich ein zwei Dinge mehr über einen Menschen weiß, dann kann ich auch vieles beachten was dem Menschen nicht auffällt. Wenn die neue mich zum Beispiel je angelogen hat, dann deshalb weil sie es tun musste. Weil ihr Leben sie mehr oder weniger dazu gezwungen hat. Auf die eine oder die andere Art und weise. Ich sage nicht sie lügt. Da ich weiß wie es ausgeht, gehe ich davon aus, dass ich irgendwann die Wahrheit herausfinde. Welche es auch immer sei.

Aber gelogen hat sie für mich nicht. Sie hat eine Situationsbezogene Aussage getroffen, die sie selbst oder andere vor Schaden bewahrt, und-oder keinen schafft. Theoretisch auch mich. Weil ich weiß sie hat ein gutes Herz, und normalerweise wird ihr mehr geschadet, als den anderen Menschen in ihrem Leben. Aus der Situation heraus trifft sie eine Aussage um sich zu distanzieren, oder um andere Dinge zu bewirken. Wenn dann sind es Notlügen. Irgendwann werde ich Kinder mit ihr haben, heiraten und eine glückliche und erfüllte Beziehung führen. Das weiß ich und ich spüre das auch. Es steht nicht viel zwischen uns. Nur ein kleines Mauerlein, dass sie leicht überschreiten kann.

Aber noch nicht will, oder auch noch nicht soll. Etwas hält sie. Vielleicht zweifel, vielleicht Angst. Die Ungewissheit vor etwas was sie bisher nicht kannte. Oder von etwas das sie auf eine Weise verloren hat, dass sie und ihre Welt in Ungleichgewicht gebracht hat. Sie strahlt richtig von innen. Doch mit zunehmender Zeit sehe ich sie immer Müder und Müder werden. Aber sie hört nicht auf zu strahlen, egal wie Müde ich sie auch immer gesehen habe. Das ist wunderschön. So einzigartig wundervoll.

Kein Bild kann je den Menschen zeigen den ich gefunden habe und den ich in ihr sehe.

Wer bei mir landen will braucht Geschichte. Lebenserfahrung. Eine Vergangenheit in meiner Zukunft. Und nach allem was ich über sie weiß, hat sie die größte und schönste die jetzt in eine wundervolle Zukunft übergeht. Theoretisch habe ich zwar auch andere Angebote, aber ich will da keine weil ich dann nicht zu meinen Gefühlen und dem Menschen den ich liebe stehe.

Ich will keine die ein Bild sieht und den Maler nicht sieht. Ich schaue immer irgendwie auf den Maler. Ich schaue dahinter, wer warum wie ist. Ich hinterfrage, leite ab, kombiniere logisch. Du machst dir also Sorgen? Warum denn will hier irgendjemand dein Beschleunigte Ableben herbeiführen aus unnennbaren Gründen? Was machst du dir überhaupt irgendwelche Sorgen? Du bist mit mir hier, und das reicht in so ziemlich allen bekannten Fällen schon vollkommen aus. Weil es der Mensch den mein Herz gewählt hat es mir wert ist.
Und wenn es nach einigen Wochen und Monaten wirklich aus ist, dann hatte ich wenigstens eine bewegte fahrt durch'n Dschungel. Mit Flora, Fauna und Klima.

Die Menschen stehen so wenig zu ihren Gefühlen. Wenn ich spüre ich liebe jemanden, dann gehe ich hin und sage es der Weiblichkeit. Und dann gibt es zwei Möglichkeiten. Entweder es funkt oder es knallt. Aber weder das eine noch das andere weiß ich vorher. Einfach auf den Versuch kommt es an. Die andere Alte kann ich abschleppen, knallen und es würde mich nicht mehr berühren als wenn auf Alpha Zentauri eine Bakterie ihre ersten Gase ablässt. Ist mir Luft und seicht und somit Schnurzenwurscht. Die Menschen die zählen bleiben.

Die die in mir Gewicht haben, spüre ich auf meinem Herzen. Und die Neue belastet es zu positiv, als das ich ihr nicht das Gewicht sagen sollte.

Warum bist du nicht hier? Du bringst mir Wunder jeden Tag, weil du mein Herz Leben lässt. Ich spüre dich in meiner Brust und füllst sie mit mehr Leben als ich mich je zu glauben wagte. Du lässt mein Herz wachsen und heilst es. Ohne irgendwelche Mühe. Einfach nur weil du in meinem Leben bist. Es gibt nur einen wie mich und eine die ist wie du. Ich Liebe den Menschen den du aus mir machst. Meine Welt liebt den Menschen den du aus mir machst. Meine Welt liebt dich. Die Menschen lieben dich weil du mir Grund zum Leben gibst und meine Leben voranbringst. Aber du bist nicht hier bei mir. Ich will dich jetzt in meine Arme schließen und dich einfach nur halten. Einfach nur halten. Nie mehr loslassen.
Wie alles angefangen hat. Und ich will das nicht bei Dir in der Arbeit machen sondern hier bei mir. Oder bei dir oder sonst irgendwo. Einfach nur dich halten. Ich stehe nur zu meinen Gefühlen. Nicht weniger. Und zwar zu denen die bleiben. Ich untersuche sie und dann wenn es klar ist was es ist, in dem Fall Liebe, handle ich danach. Was meine Umwelt aber meist nicht positiv auffasst. Leute die mich kennen, und mich besser kennen als die anderen, wissen das ich dem Menschen für den ich Gefühle habe es ihm auch sage. Warum warten? Wenn ich neunzig bin, dann denke ich zurück und sage „Hätte ich bloß!" ist auch doof. Und dann auch immer diese „Nein, nimm die nicht, die ist komisch...".

Hey, ich bin froh wenn nach allem was in meinem Leben so los ist und war ich überhaupt noch irgendein Gefühl habe. Du hast ja leicht reden, du hast ja das was mir fehlt. Ich gehöre zu den 3% meines Freundeskreise die noch nicht in irgendeiner Form eine Familie fabriziert haben. Und bin der einzige meiner Familie der noch keine Kinder hat soweit ich das bis heute weiß. Und die ganze Zeit, wenn sich die Leute drüber aufregen wen ich Lieben soll und wen nicht, denke ich mir so...

Eine echte Lösung oder eine Verbesserung meiner Situation habt ihr auch noch nicht wirklich herbeigeführt. Keiner von euch Ottos hat mal bei der einen Alten mal auf den Tisch gehauen und gesagt sie soll sich zusammenreißen, weil sie nie wieder einen wie mich bekommt. Und das ist jetzt genauso, viele regen sich auf über Grütze und Gustav und Blah und Blub ohne irgendeine Lösung anzubieten. Ihr habt doch nen Knall! Ich habe quasi die Wahl zwischen einem eventuell vielleicht positiven Ausgang und ähm... ja... nix....

Immer dieser Weltverbesserer die sich über den Status quo aufregen aber keine Lösung anbieten. Wenn ich die Situation von jemandem kenne überlege ich auch immer eine mögliche Lösung zu finden. Eine Telefonnummer, eine Adresse oder sonst irgendwas handfestes. Das ist echt Sinnvoller als das andere, dass quasi Nix. Ich habe auch schon mal zweieinhalb Jahre beraten und den Quatsch abgebrochen weil's mir zu Blöde wurde. Freund A. Mit dem bin ich zusammen, da wäre aber der andere der mir irgendwie gefällt. Aber es könnte sein dass ich von C Schwanger bin, D will das Kind nicht und das ich abtreibe. E würde das Kind zwar nehmen aber nur wenn ich mit ihm nach Kasachstan ziehe.

Das kann ich aber nicht weil ich F gesagt habe es könnte ja auch sein das ich bei seiner echt Indianischen Hochzeit die Braut bin. Trotzdem ist G der totale Traumtyp der mich wie alle Feuer interessieren würde. H sieht aber auch nicht schlecht aus. Mein Freund hat aber gestern eine angeschaut und jetzt bin ich Eifersüchtig wie's Zäpfchen....ja und das ganze zweieinhalb Jahre.

„Du hast meine Ehe zerstört!"
„Wenn das, was auch immer ich gesagt oder getan habe deine Ehe zerstört hat, dann war es keine Ehe sondern eine Zweckgemeinschaft!"

Ich folge nur meinen Gefühlen und das ist auch das was viele nicht verstehen. Der Logik zu folgen würde heißen sich in irgendeinen dummen Job wiederzufinden, eine gesetzte Frau zu bekommen, mit ihr ein-zwei Kinder haben und dann ein Haus, mit ihr Alt werden. Ich bin Autor, ich folge meinen Gefühlen, solange sie vorhanden sind. Und ich schaue wohin sie mich führen. Wenn mein Herz sagt sie ist die Richtige widerspreche ich nicht. Wenn es ein harter Weg ist, dann ist es eben ein harter Weg, aber es ist es wert. Durch was er führt weiß ich nicht, aber er hat ein Ziel. Das Ziel habe ich gesehen. Was denken sich die Menschen mir Grenzen aufzuzeigen. Nur weil sie ihre eigenen erkannt haben.

Wenn zwei Menschen niemand gezeigt hat wie man liebt, dann vielleicht nur deshalb, weil sie die Liebe neu erfinden sollen. Ich weiß das ihr Herz nicht lügt, aber ihre Welt lügt durch sie. Ich weiß nur nicht ob sie das weiß. Vielleicht weiß sie es jetzt und damals noch nicht. Oder hat mittlerweile eine Ahnung. Es ist in der Regel immer so, dass die die am wenigsten Gründe zum Lügen haben auch am wenigsten lügen. Mit anderen Worten wird der die Wahrheit sagen, der keinen Grund hat zu lügen. Vielleicht war es anders geplant.

Und man hat irgendwie damit gerechnet das ich mir irgendwie bewusst werde, dass sie Blödsinn erzählt und dann aufgebe. Dumm nur das ich soviel nachdenke und kombiniere. Außerdem weiß ich dass sie ein gutes Herz hat. Ihr Herz lügt nicht.

Es ist ein Kommunikationsproblem. Nichts anderes. Ich denke man hat ihr genauso wenig gezeigt was die Liebe wirklich ist, als man es mir gezeigt hat. Wenn ich zurückdenke ist sie die erste, die mich nicht mit dem „Ich-liebe-dich"-Messer niedergestochen hat.

Was sehr für sie spricht. Ihr war es ganz und gar unangenehm, ja ungewohnt als ich nur gezahlt hatte, nur um Zeit mit ihr zu verbringen. Das sah ich in ihrem Blick in ihrem Verhalten. Sie sträubte sich innerlich. Ich sagte das es in Ordnung sei und das eine andere Zeit kommt.

So wie ich das jetzt sehe will sie nicht mehr, dass ich zu ihr in die „Arbeit" komme. Kennt ihr das wenn ihr immer jemanden bei euch spürt. Immer an diese eine Person denken müsst und das seit Monaten. Nicht damit aufhören könnt? Wenn dieser Mensch da ist gleich wohin ihr auch geht. Egal zu welcher Tageszeit. Oder in welcher Situation.

Dieser Mensch ist immer da, den ganzen Tag. Ich weiß das ich nicht Wahnsinnig bin, aber allmählich macht es mich wahnsinnig. Ich fühle mich jetzt nicht beobachtet oder so, es ist nur ein Gefühl als wäre ich zu zweit. Oder vielmehr als wäre ich vorher halb und jetzt wäre ich ganz. Ich kenne das nicht.
Es ist zwar ein schönes Gefühl aber total ungewohnt. Immer noch. Nach drei Monaten immer noch total ungewohnt.

Da suche ich mein Leben lang nach einem Menschen, der zweiten Hälfte meiner Seele und dann ist sie da , und trotzdem weg. Ich glaube das es fast einen Monat her ist, dass ich sie das letzte mal in Natura gesehen habe. Aber trotzdem ist sie immer da. Egal ob ich am

Klo hocke oder sonst wo. Bei wem ich bin oder was ich mit der Person auch immer veranstalte. Sie ist immer dabei.

Ja, und das tolle dabei ist, es tut noch nicht mal weh. Dieses Gefühl ist einfach da und ungewohnt und bleibt. Und ja sie liegt im gesamten Blatt. Und ja, Hochzeit, glückliche Ehe und Kinder und ja, ein total tolles Leben. Das weiß ich ja alles. Ich habe in den letzten drei Monaten mehr erreicht als in den Jahren davor. Was macht man denn da? Keine Ahnung. Ich glaub ich muss mal wieder improvisieren!

„Schau in den Spiegel, was siehst du?"
„Ich weiß es nicht, ich will das gar nicht sehen, weißt du?"
„Weißt du was ich sehe? Ich sehe den wertvollsten und wundervollsten Menschen den ich je getroffen haben. Das schönste und stärkste Herz das ich je gesehen habe, dass wie alle Sonnen strahlt durch die Dunkelheit im Leben der Person in der es schlägt. Ich sehe die schönste strahlendste Ewigkeit in meinem Leben die das Größte und Beste in mir hervorbringt, einfach weil sie darin ist. Den Menschen den sich meine Kinder als Mutter ausgesucht haben. Ich kenne meine Kinder noch nicht, aber ich stelle ihre Entscheidungen niemals in Frage. Du warst ihre Entscheidung, also bist du die meine. Sie haben ihre Gründe also vertraue ihnen. Ich liebe den Menschen den du aus mir machst. Einfach so ohne Anstrengung. Nur weil du, du bist. Alle Menschen die mich lieben, lieben dich weil du all das und noch unendlich mehr bist. Das sehe ich..."

Lass dein Herz Brüllen,
dass die die gegen dich stehen
zu tauben stummen Staub werden.
Lass meine tiefste Zärtlichkeit wirken,
wärmend vertreibend aller Grausamkeit Wunde.
Lass diesen meinen Funken aus meinem Herz in dein Herz,
sei er dir Feuersturm und brennend
reinigend von allem Schmerz.
Ich stehe im Sturm, in jedem für dich.
Du bist mir Heimat und warst es immer.
Egal ob du warst, bist oder sein wirst.
Fels bist du mir an den ich gebunden habe mein Herz, Hitze
brannte es, Kälte lies es erfrieren,
Geier und Krähen hackten es Blutig.
Doch all das ward fort als ich meine Heimstadt fand, sie bei mir
blieb heilig heilend.
All die Jahre, all die Ewigkeit durch alle Wüsten durch alle Ödnis
Einsamkeit.
War ich Eremit, heute bin ich Kaiser.
Mein Herz endlos Stark schlagend,
wurde es selbst zum wärmsten Kontinent.
Armeen stehen mit mir aus meinem Herzblut gezeugt,
in meiner Hitze Glut geschmiedet.
Wurd ich zur Ewigkeit,
wurd ich zum Sturm,
wurd ich zu aller Hölle Glut,
wurd ich zu aller Eises Kälte,
zu aller Hitze Brennen,
zu aller grün jedes Ewigwaldes.
Auf diesem Land herrsche ich
mit meinem unendlich weitblickend Herzensgröße.
Dies ist nicht der Anfang noch das Ende,
wir sind Ewigkeit in allen Ewigkeiten.

Wir sind verbunden,
sie in mir und ich in ihr

Lasst sie diesen Funken sehen
Mein Herz du singst zu laut.
Schweig ab von deinen Wogen Höhe.
Sinke aus deiner Glut ins warme
sonnendurchflutete Tal.
Sacht schlage fortan durch des Waldes
kühle Satte Grün.
Höre Vögel und in der Ferne rauschen der
Schicksals Gischt entzünden.
Flute über alle Haine die so friedlich liegen in den
Tälern. Da aus Tälern werden Meere, Strände sind am
Rande Weit und der Sand läuft aus jedem Getriebe aus das
mein Herz vorantreibt.
Schmier ich mit dem Seelenblut dein
Quietschend singen.
Hallend durch die Hallen Ewigkeit der
Schätze Glänzen.
Mein Herze schweige still, was brüllst du still
als Lamm den Löwen.
Was verlangst du von keinem Markte Güter
willst du haben viele und nur ein Ding.
Kein Glänzend Ding, kein singend eines,
Kein Schatzhaft Teil
Das der Wert bleibt unbemessen,
solch ein Ding verlangt mein Herze klein
Das Klein ist ewig groß und endlos rein
Nur das eine kann hinein doch such ich's
find ich's nicht dort an keinem Schein
Noch an Sagen noch an Mären noch an
Minnesängers Bein geknüpft
Weit musst ich wandern
endlos musst ich sterben
ewig musst ich im Kampfe stehen
Herze Trommel schweig,
still sei klopfen und garst Geklimper
Fein der Faden ist gesponnen,

noch sieht niemand seinen Schein
Mondlicht könnt uns leuchten,
keine Sonne könnt uns weisen
Kein Wesen aus der Welten Weite könnt's erreichen
Nur das eine in mir das Kleine,
dort ist Tür die Tor macht hoch
nur für dieses eine Klein das Weit und Ewig heißt

Heut und allezeit springt dir in die Seele
Schüttelt wie der Heiße Sturme dich
und mag verbrennen dich hernieder
dir zertrümmern alle Seelenglieder und mag
zerrschinden dir das Mark
Mag ausbluten dich bis
zum letzten Tropfen dich reinigen
Auf das du ganz und gar bist sein und
nicht ein anderes mag mehr hinein
Die Sänger spielen von dem Felde
auf dem der König wandelte
Erschlug gar manchen Feind und
auch Untier und widerstand Gefahr
Die Hoffnung will den Weg mir leuchten
durch alle Täler Finsternis
Dort sie scheint ihr ewig Licht
zu leiten mich zum Klein
Ihr seid Kinder,
ihr seid klein was wisst ihr von dem Herzen

Sein Name ist geschrieben in allen Lettern
auf aller Seite Farbenschein
Such du wirst's nicht finden,
lass dich fallen und es wird dich jagen
durch alle Fluren wirst du brennen
und toben wegen diesem Ein
Geh nicht und wage es zu suchen,
denn dann hast du es verloren

Sei gewahr es ist da,
und wartet an fremder Stelle dich zu haschen
Greift nach dir und lässt dich nicht mehr
aus einmal gepackt
Kein Raubtier hat Grausamkeit,
es ist Natur dies ist Kraft
Es ist Gewalt in ihr,
jede und noch alle mehr
Bist du nur ein weißes Herz so kannst du alles nicht
Sei kein Wolf nur eines Pelzes,
habe zwei und jage wenn es dich gefunden
suche alle Wege nicht nur einen
hat es dich eingenommen
Sei gewiss es bist nicht du allein,
Kleinheit Ewigkeit ist verbunden
Stärker Bande könnt niemand binden,
du bist nicht allein
Gott sieht nicht dich allein,
auch ihr Klein wird wogen das er in sie gesetzt
Kein Krieg der je für die Liebe ausgefochten
ward für eine Seit' allein
Nicht Gut nicht Böse,
klein hat keine Seite
Klein ist eine und die einzig wahre welche
die sich lohnt allen Kampf zu kämpfen
Denn das Klein ist ewig und Unendlichkeit
und es wartet auch auf dich
Wisse nun es ist auch dort zu haschen
dich mit Geborgenheit
die Ewig dich mag Binden
und lässt dich nie mehr allein

Es gibt immer einen Weg. Wenn man etwas will findet man einen Weg. Das erfassen des Wollens ist das große Thema. Den Weg des Weg-Findens ist ein anderes Thema. Sie hat einen Lernauftrag für mich. Ich habe einen für sie. Weiß ich, Seelen begegnen sich niemals zufällig. Die frage ist nicht was soll sie von mir lernen, sondern ich von ihr lernen soll. Sie kann mir tausendmal sagen, dass alles in Ordnung ist und das alles heilig und heil ist. Das Problem ist, dass ich alles erfahre was ich wissen will und wissen muss bzw. soll.

Das war immer so. Wenn jemand in meinem Leben sein soll, dann bleibt er auch in meinem Leben. Ganz einfach. Ob der mich jetzt tausendmal rauswirft oder was auch immer. Irgendwann steht er oder sie wieder da. Am Ende bin ich wieder alleine. Auch wenn ich kein geteiltes suchendes Herz mehr habe. Ganz hinten, ganz da auf meinem Stuhl in diesem Zimmer in diesem hohen Haus, da sitze ich. Und ich bin alleine....

„Ob ich eine Prostituierte zur Freundin will? Und wo sie jetzt ist?". Erstens ist sie keine. Sie ist jetzt schon jemand anderes. Woher ich das weiß? Aus eigener Erfahrung. Zum anderen geht es nicht darum wer sie war oder ist. Da ihr Schicksal mit meinem Verbunden ist und wir eine gemeinsame Zukunft haben, geht es vielmehr darum wer ich werde. Sie arbeitet da auch nicht weil sie es lustig und bunt in ihrem Leben hat sondern weil sie muss bzw. will. Weil das Leben ihr nicht die Wahl gelassen hat. Was aber in der neopazifistischen babyweichen westlichen Gesellschaft selten jemand versteht. Ob meine Herzensfrau da gearbeitet hat oder nicht ist mir relativ egal. Sie arbeitet da weil sie aus ihrer Welt ausbrechen wollte in ein besseres Leben, oder aus einem anderen Grund den sie mir aus ihren eigenen Gründen nicht sagen wollte. Mir ist mittlerweile viel über sie klargeweorden.

Sie ist eine sehr starke selbstständige Person, mit Vernunft und Selbsterhaltungstrieb. Vielleicht hat sie nicht meine Erfahrung in manchen Bereichen aber eines weiß ich sicher, sie kommt klar. Wenn ihr etwas nicht guttut wird sie selbständig darauf achten das sich das ändert. Und es gab die letzten fünf Jahre wirklich schlimmere Dinge als das in meinem Leben. Ich stehe zu meinen Gefühlen zu meiner Liebe und zu dem Menschen den ich liebe. Egal was auch immer Teil seines Lebens ist oder seiner Welt.

Leute die mein Leben nicht kennen wissen nicht wie mein Leben läuft. Was ich immer wieder faszinierend finde. Eine andere finden? Logisch und auch einfach. Ich investiere meine Energie Liebe in Menschen die in meinem Leben wirklich Gewicht haben. Zum anderen mir zu sagen ich kann nicht und selbst nicht versuchen finde ich persönlich sehr Realitätsverschoben. Keiner sagt mir was ich kann und was nicht. Keiner sagt mir was ich denken, fühlen und machen soll. Es ist mein Leben und ich habe nur das eine. Ich bin mein eigenes Zeitalter!

„Meine Alte ist so Blöd..." „Warum hast du sie dann geheiratet?" *„Keine Ahnung, war besoffen..."* „Und warum bleibst du dann mir ihr verheiratet?" *„Keine Ahnung, bin besoffen..."*
Ähm ja, erklärt vieles aber auch nicht alles...

Die Menschen gehen von einer Art Heiligkeit der normalen Existenz aus. Die aber bei harter Probe total versagt. Fettes Error in allen Bereichen. Jeder geht von seiner Normalität aus. Von seiner Welt. Von seiner Sicht der Dinge. Was in den meisten Fällen noch nicht mal seine eigene ist. Und beschwert sich und wundert sich dann in Grau der Gewitterwolken warum der Quatsch nicht so funktioniert wie man es ihm beim Verkaufen gesagt hat. Vergisst aber total, was gut für einen ist. Und, dass das Leben nicht für alle gleich funktioniert. Lass dir nicht einreden, dass Liebe einfach sei. Zumindest nicht diejenige die in deinem Leben wirklich Bedeutung hat. Höre nicht auf die Welt, höre auf dich. Wenn die Welt spricht, sage „Ist es wichtig?".

Und du wirst erkennen, dass all das was Bedeutung haben sollte, von einem Moment auf den anderen winzig klein im Schatten steht. Du wirst erkennen ob es wirklich Bedeutung hat oder nicht. Nein, bedeutende Liebe ist nicht einfach, sie ist es wert.

 Ihr habt doch nen Knall euch vorschreiben zu lassen wie der Mensch sein muss den ihr liebt! Ein Freund von mir hat eine fünfzigjährige Kubanerin geheiratet als er dreißig war. Und? Welten gingen unter für die Eltern. Ich hab ihn verstanden. Trotzdem will ich mit Mitte Dreißig lieber Papa werden und eventuell Onkel oder Großonkel, aber Opa? Ich weiß nicht....

Das was blieb, als du gingst als ich ging, steht unverrückbar in mir. Es ist wie heiliger Balsam. Wärmend, heilend und reinigend jeden Tag. Selbst wenn du nur da warst um diesen einen Funken zu bringen, ist es dieser heilige Feuersturm, der in mir brennt. Diesen hast du in mich gesetzt.

Es ist unbesehenes darüber hinaus was in diesem Moment und seit diesem in mir wächst. Auch wenn du nur eine Boje bist im Sturm meines Lebens an die ich mein Herz binden kann damit es Frieden findet für kurze Zeit. Jahre und Ewigkeiten habe ich gesucht. Ich werde nicht in Frage stellen, auf welche Weise ich gefunden habe, was ich gefunden habe.

Nun bist du aus Unwissenheit gebunden in Dornen die jeden Tag deinen Seelenfrieden zerreißen. Führe Krieg mit dir, ich bin bei dir, suche mich du wirst mich finden, du wirst siegen. Rufe mich in Einsamkeit, denn du kamst immer zu mir in der meinen als der Mensch noch nicht bei mir war, deine Seele war es und reichte mir die Hand „Ich bin da und war nie weg."

Oft sind da diese zwei Arten von Menschen in meinem Leben, ich weiß es gibt mehr als zwei Arten aber trotzdem. Die einen die sagen „Ja, dir fehlt doch nichts, führe doch einfach ein normales Leben." und die anderen die wissen was alles Teil meines Lebens ist und mich und auch sich selbst fragen „Wie hältst du das alles aus? Woher nimmst du die Kraft um weiterzumachen?". Antwort ist einfach, bin schlimmeres gewohnt und die Momentane Lage ist Kindergarten.

Bei näherer Überlegung was alles Teil meines Lebens ist, frage ich mich das selbst auch manchmal. Ganz einfach, weil ich wahrscheinlich nicht alles konzentriert mitbekomme. Man bekommt Menschen ins Leben und man schließt diese Menschen ins Herz. Sie retten einem das Leben und man tut alles für sie. Dann werden einem die Menschen ohne Vorwarnung wieder genommen. Von jetzt auf dann. Man weiß nicht sieht man den Menschen je wieder, oder nicht. Und die Stimmen der Erinnerung und die Bilder spielen einem im Kopf wirres süßes Höllenkarussell, dass man laut ruft „Aussteigen ist jetzt echt ne Option!" Aber das blöde Scheißteil bleibt und bleibt einfach nicht stehen. Warum auch, die Fahrt geht ja gerade erst los. Man hat zwar irgendwann bezahlt, weiß zwar nicht mehr wann, was oder wie viel oder warum. Aber man hat bezahlt...

Manchmal möchte man einfach nur schreien. Weil alles zu wundervoll oder zu furchtbar ist. Und dann fällt einem auf, dass man das innerlich die ganze Zeit schon getan hat, und ist erstaunt wie Still die Welt darüber ist. Und denkt sich so, die Übelkeit lässt bestimmt während der Fahrt nach oder fällt komplett weg. Was dann auch passiert und dann kommt irgend so eine spezielle Funktion des Karussells ins Spiel und du rufst laut „Hui!" oder „Aua! Scheiße was soll denn das jetzt wieder!" Ganz normal...

Ich weiß ich werde Schatzi nicht los. Schatzi ist positiv. Mit ihr geht es mir tausendmal besser als mit der deren Existenz den Sinn der selbigen geleugnet hat. Wobei das Schatzi jetzt nicht von der Mischung aus Schaf oder Ziege kommt sondern wirklich von unermesslichen Reichtümern die sie in mich und mein Leben setzt. Sie ist vielleicht etwas unwissend oder so, aber so Blöd-gelaufen wie andere ist sie bei den weiten Welten nicht. Sie weiß wo sie ist, weiß was sie da macht, kann in der Form auch auf sich aufpassen und so weiter. Ich habe auch keine Angst bei ihr das sie Quatsch betreibt mit Drogen oder durch ihre Arbeit schwanger wird. Und, und, und...

Also nimmt sie mir diese Sorgen ab. Sie hat Vernunft und weiß genau was gut für sie ist und was nicht. Was alles viele viele Probleme löst und den Rest übriglässt. Der aber zur großen Überraschung mal lösbar ist. Wenn ich eine ins Leben geliefert bekomme gehe ich aus Erfahrung nicht von komischen positiven Dingen sondern schon doch von ganz ganz schlimmen. Die dann meist noch nicht schlimm genug sind. Warum auch wäre ja Langweilig und nicht meine Normalität. Irgendwie habe ich das Gefühl die Knacker in der Schicksalsschmiede nehmen immer noch was, aber zur Abwechslung mal das richtige Zeug in der richtigen Dosierung...

Die wenigsten Menschen kennen das Gefühl innerlich im Nebel seines Schicksals zu verschwinden, dass man für die Welt sein soll. Es ist zwar ein natürlicher Prozess, wie das fließen von Wasser oder das wachsen der Bäume, der Blumen oder der Berge. Innerlich zu wachsen, an Persönlichkeit, an Glauben, an Herz und an der Seele. Jeder Augenblick ein unendlicher Tropfen in einen ewigen Ozean. Ewig tief fließend, ungezähmt strömend.

Manchmal bin ich mir selbst zu tief und blicke zu weit in mich. Dort finde ich dann Orte die so fremdartig, anders und gleichzeitig wundervoll sind, dass ich sie nie wieder verlassen will. Andere sind schon lange verlassen, die Wüste ist um sie und der heiße Wind bläst um die kargen Ruinen. Lange verlassene Paläste, die ich dann wieder belebe und begrüne. Ich lasse dann dort den König in mir herrschen über ewige Reiche deren Größe und weite unermesslich sind. Nur um sie dann wieder ins nichts zu schicken. In ein Sandkorn zu bannen. Sie in den weiten Wind zu senden, wieder schlafend wissen. Andere bleiben und bestehen durch alles fort, was der Wind meines Lebens an sie heran trägt. Irgendwie ist sie geblieben. All die Jahre. Und jetzt wo diese eine in mein Leben gekommen ist, fange ich wieder an aufzubauen. Neu zu glauben. Tropfen für tropfen. Welt für Welt, grabe ich das Alte aus. Erinnerungen von einer Hand die in Einsamkeit zu mir kam und sagte die war nie Weg und ein lächeln. Und das alles immer und immer wieder. Jahr für Jahr, Ewigkeit um Ewigkeit. Neu Anfangen zu glauben, alles zu investieren und riskieren. Ach das alles ist so routiniert. Und keiner versteht diesen Punkt in mir. Wie ich an jemanden oder etwas glauben kann was nur in mir ein Sandkorn ist. Ein kleines Lüftchen von Gefühl, dass mir alles bedeutet. Es ist der Wunsch nicht alleine zu sein. Nicht der einzige meiner Art zu sein.

Aber das bin ich und werde es auch immer sein. Es gibt noch nicht mal jemand der ähnlich ist wie ich. Aber das verstehen auch nur die die mich wirklich kennen.

Dir irgendwie gelernt haben mit dem Menschen umzugehen der ich bin. Einfach? Nein ich bin nicht einfach. Ich bin kompliziert. Manchmal bin ich froh, dass ich so kompliziert bin. Ihr seht mich ja mal einen Tag oder eine Stunde oder so. Ich bin immer bei mir ich habe mich jeden Tag. Jeden Tag habe ich mein Herz bei mir und meine Ewigkeiten.

Die besten wie die schlimmsten Teile meiner selbst. Die Welt verletzt mich jeden Tag und ich halte zwar schon viel mehr Schmerz als früher aus, aber Masochist bin ich deshalb noch lange nicht.

Das eine ist das was ich weiß, etwas anderes zu fühlen das bleibt und über diesem Wissen wie ein heiliges Licht schwebt. Viele dinge an Erfahrungen, Wissen und Ansichten fließen diesem zu. Um zu erfassen was daran wahr und von absoluter Bedeutung ist, fehlt letzten Endes das eine Korn das dem Feld einer bestimmten Getreideart zuzuordnen helfen würde.

Viele Dinge die geschehen sind und gesagt wurden und auch ihrer Reaktion auf bestimmte Dinge nach gehe ich von bestimmten Dingen aus. Zu einer momentanen Wahrscheinlichkeit von bis zu fünfundneunzig Prozent. Die letzten Fünf Prozent die eventuell mehr oder weniger sind verbleiben als ein unbestimmbarer Rest, dass die Dinge wirklich so sind wie sie sagte. Das da bei ihr mehr ist habe ich oft genug gesehen und hat sie mir oft genug gezeigt. Dafür ist es zu positiv in diesem Bereich. Gefühle sind definitiv für mich da. Eine gewisse Kommunikationsbarriere verhindert eine heilende und helfende Aussprache.

Meinen bisherigen Lebenserfahrungen zu schließen ist es in der Form nicht freiwillig was sie tut. Das hat aber nichts mit ihr oder ihrer Welt zu tun sondern mit meiner und dem was bisher in meinem Leben war. Trotz alledem stehe ich zu ihr und versuche täglich ihr einen Weg zu zeigen. Ganz einfach weil es für mich lösbare Probleme sind. Was für sie aber nicht der Fall sein muss und sie den Kontakt abbrechen möchte um mich vor ihrer Welt zu schützen. Die Liebe die sie in mich setzte tut zum ersten mal nicht weh. Ich musste mich an das Gefühl gewöhnen weil es für mich persönlich absolut neu war und es mir daher in gewisser Weise Angst gemacht hat.

Aus meinem bisherigen Leben wusste ich immer nicht ob ich Bindungsängste oder Verlustängste haben sollte, daher hatte ich oft beide gleichzeitig. Das mir jetzt jemand so guttut ist sehr ungewöhnlich für mich. Das ich mal nicht auf jemanden aufpasse sondern umgekehrt ist ebenfalls neu. Das ein positives Ende des ganzen absehbar ist, in welcher Entfernung auch immer, hatte ich ewig nicht. Oft höre ich, dass ich mich da in etwas verrenne, meist aus einem Mangel an Information. Weil sie viel aus ihrer eigenen Geschichte kennen. Ob es nun Zweckgemeinschaften oder unglückliche Singles sind.

Ich weiß das ich verrückt bin und steh dazu. Mein Leben ist Quatsch aber ich steh auch dazu und rechne schon im voraus mit unabsehbaren Sachen. Alle anderen irgendwie nicht. Alle anderen versuchen sich Zwangshaft an irgendein Leben anzupassen das sie im Grunde genommen gar nicht haben wollen. Und dann haben sie es erkennen in sich das was nicht stimmt (was wohl?) und fangen an zu saufen oder Drogen zu nehmen oder sonst was. Echt faszinierend. Warum wandle ich freiwillig in eine solche Phase hinein? Wer macht so was freiwillig? Man rechnet ja nicht mit irgendwelchen unvorhergesehenen Geschehnissen.

Und wenn man die dann ins Leben bekommt wie ein Dampfhammer von oben ist man irgendwie überrascht. Dann gibt es einige Möglichkeiten wie man danach weitermacht. Falls man weitermachen kann und sich nicht irgendwo im Wald zum Kompostieren aufgehängt hat. Das eine ist ich gehe nach irgendeiner Rehabilitationsphase zurück in mein altes Leben. Was dann ungefähr soviel bedeutet wie „Hey, der Scheiß war echt lustig. Ich hab nicht kapiert warum ich kaputt gegangen bin. Also gerne noch ne Runde!".

Aber meistens haut einem das Leben so mit dem Hammer nieder das man es sich zweimal überlegt wie man jetzt weitermachen soll oder kann. Es wird meistens irgendwie von irgendeinem Doktor eine Diagnose gestellt und wenn es ein guter ist ist es auch die Richtige. Wenn es der falsche Doktor ist, zieht er einem mit einem Fleischerhaken irgendwas aus einem raus, lässt dich dann drauf schießen und anschließend bekommt man Kopfschmerztabletten weil man sich mit der Flinte den Fuß weg-geschossen hat.

Jemand hat mal zu mir gesagt, dass solange niemand oder etwas dein Ableben herbeiführen will, man keine Probleme hat. Und das bis zum Moment des Ablebens alles alles Lösbar ist und lediglich Situationen sind und keine Probleme. Die Welt ist eine andere, doch nur wenige sehen das. Man glaubt immer die Zeit zu haben für etwas. Die Menschen haben keine Zeit.

Wer in meiner Zeit hätte mir beibringen sollen wie man liebt? Wer von denen die da waren hätte mir das beibringen sollen? Die eine Kaputte oder die andere? Wer? Die Antwort ist einfach. Ich habe eine Idee von Liebe. Von einer die größer ist als vieles das die meisten kennen.

Und da gibt es auch immer verschiedene Arten die man mir beigebracht hat. Oder die man mir gezeigt hat. Die ich mir gezeigt habe, die für mich Richtig sind. Nur damit können nur die wenigsten umgehen.

Weil die wenigsten wissen was in meiner Welt vor sich geht oder wie diese funktioniert. Das weiß keiner. Ich glaube das weiß am besten noch ich selber.

Aber ein hundertprozentiges Wissen gibt es nicht. Das habe ich auch nicht. Ich habe mehr Ahnung davon als andere wie meine Welt und meine Inneren Dimensionen laufen, lebe nach ihren Gesetzen. Man kann im Grunde genommen gar nichts wissen. Teile von mir sind so tief drin, dass ich da selber gar nicht hinkomme. Irgendwo da im Sand oder im Meer versunken.

Da drinnen. Die Welt versucht einem immer irgendwie vorzuschreiben was und wie das Leben aussehen soll. Und wenn das alles nicht funktioniert sind sie überrascht und enttäuscht. Warum sollte es für alle genau gleich laufen? Ist doch kompletter Blödsinn. Ich bin alternativer Individualist. Du willst eine komplette Analyse machen? Viel Spaß...

Es gab einmal ein Haus. Dort wohnten Tiere die man täglich schlachtete an ihren Herzen und ihren Seelen. Sie wurden krank gemacht vom Leben das sie hatten. Von den Umständen und von den Metzgern. Sie wurden traurig, böse oder anders krank. Sie streckten ihre Füße in die Luft, aber sie merkten den Schmerz nach all der Zeit nicht mehr. Dann kam ein einsames anderes Tierwesen in dieses Haus, der gab einem einen Namen. Und es wurde zum Menschen. Es konnte nun nicht mehr geschlachtet werden und sie fuhren gemeinsam fort.

Gleich an welchen Ort sie waren zusammen Zuhause. Ineinander Menschen und ihr Leben lang keine Tiere mehr. Und konnten beide nicht mehr geschlachtet werden...

Hier stand ich allein, und jetzt steht dort das Du, mit mir zu Zweit und bleibt. Auf uns herab, aus heiligen Hallen Ewigkeit hernieder, blickt das Wir auf uns.
Unter ihrer Augen Sicht, wohlich biegen sich mir die Glieder, in die wärmste Zweisamkeit. Die nun immer um mich ist, und in mir bleibt, seit du nicht mehr gehen wolltest. Bleiben, entschied sich mein Herz dich zu lassen, ganz nah da.

Manchmal bin ich mir selbst zu tief und zu wirr. Mich zu erforschen ist eine meiner Hauptlebensaufgaben. Mit mir selbst bin ich immer in einer Gesellschaft, die genauso hochgeistig wie abstrus sein kann. Mein Bringt mir immer wieder Sachen die ich irgendwie einordnen muss. Heute zum Beispiel hat eine gute Freundin von mir sehr Überrascht reagiert als ich ihr gesagt habe, dass ich noch nie Miete gezahlt habe oder eine eigene Wohnung hatte. Vielleicht sollte ich das mal in Angriff nehmen aber warum? Es gibt Dinge die lernt man nicht weil man in seinem Leben andere Sachen braucht. Aber was genau brauche ich in meinem Leben?

Die Schule testet nur dein Gedächtnis und bringt dir nichts bei was Lebensphilosophisch oder auch Realitäts- bezogen wichtig wäre. Aber man kann die Dinge die man im normalen Leben mit sich selbst und der allgemeinen Realität nicht in Bezug ziehen kann. Wer bringt einem bei mit so was umzugehen was in mir ist? Der Deutsch- oder Mathe Unterricht bestimmt nicht. Ich habe jetzt seit November fünf Bücher herausgebracht (insgesamt Acht - Stand - 6.8.17) .

Ich war an Orten in mir die sich keiner Vorstellen kann und musste mit Dingen umgehen mit denen kein anderer je umgehen musste. Aber warum wurde mir das beigebracht oder gezeigt oder vom Leben vermittelt und nicht andere Sachen? Klar wenn ich es wissen will weiß ich wen ich fragen muss und weiß wo ich nachschauen soll. Alles kein Problem, nur gewisse Umstände finde ich echt komisch.

Es gab immer Lehrer in meinem Leben. Wobei ich nicht von denen spreche die man in der Hauptschule hat oder auf einem Gymnasium. Lebenslehrer. Hatte ich immer und irgendwie bin ich auch mittlerweile selber einer. Oder vielmehr spüre ich welche Wirkung ich und meine Persönlichkeit auf die Menschen hat. Wenn ich heute sterben würde, dann werde ich unsterblich sein. Ich war auf der Welt und habe etwas hinterlassen. Und gleich was alle sagen, ich sage vor etwas Unbekanntem, habe ich keine Angst. Ich habe soviel in mir, es fühlt sich so lebendig an, andere Teile sind endlos Müde. Sie sind es leid, dieses Leben zu leben. Sie wollen Frieden finden.

Es gab diesen einen Punkt der mir Frieden gegeben hat. Aber ob das wirklich sie war kann ich nicht sagen. Eine innere Stimme sagt sie ist es. Ein anderer Teil sagt das ich in einen neuen Lebensabschnitt eingetreten bin und das sie nur ein Zeichen dafür war. Welche Rolle spielt sie für mich in meinem Leben? Für mein Herz? Für meine Seele? Für mein Schicksal? Eines das mit so vielen Menschen verbunden ist.

Eines das ich ahne aber nicht bis zum letzten Punkt kenne. Ist es mir wirklich egal oder nicht? Was ist wenn sie nein sagt? Wenn sie ja sagt, habe ich gefunden. Aber hinter alledem ist ein Teil von mir immer noch nicht da wohin er soll. Dieser Teil wird immer ein einsamer Wanderer sein. Ewig alleine. Mit zerrschundenen Füßen und sonnenverbrannter Haut. Mit gleißend scheinenden Stigmata. Mit diesem Kreuz auf seiner Schulter, dessen Gewicht er gelernt hat zu tragen.

Meine alten müden Augen sehen auf und fragen sich ob das helle dort oben die Sonne Hoffnung ist. Was ist es? Ist es ein Strand oder eine Wüste? Das nächste eine Oase oder nur eine Phatamorgana? Was bin ich hier in diesen Weiten in mir?

Mein Herz schreit in die Ewigkeit hinaus. Weil was es gefunden hat ihm wieder entzogen wird. Wieder und wieder. Immer wieder. Und da und dort sind Dornen. Sie reißen mich, machen mich bluten. Und jeder Schmerz den ich fühle ist wie ein Zeichen des Lebens das ich wieder fühle. Ich habe mir geschworen nie wieder jemanden so nahe an mich heran zu lassen. Und doch hat sich mein Herz und mein Schicksal dazu entschlossen. Ich starre in die finsterste Unendlichkeit und sie begrüßt mich zurück. Meine schrecklichen Gebirge begrüßen ihren Vater. Und dort in der ewigen Luft die zu dünn ist um zu Atmen und zu reichhaltig um zu ersticken, stehe ich erneut. Wartend, harrend das die Sonne das ewige grauschwarz der Unsicherheiten zerfleischt. Ihre Strahlen sich nähren lässt an diesem Fleisch und sich satt und warm frisst.

Bis sie rund und prall dort über meiner Wüste steht und mir die haut erneut von meinem Fleisch schält. Und meine Füße sinken in den Sand und suchen sich ihren Weg durch die Untiefen meiner Labyrinthe. Dort stehen sie ewig titanisch in meinem Herz und meiner Seele. Ihr geht verloren wollt ihr sie euch nur vorstellen. Dort wohnen andere Wesen und alles andere deren Namen ihr nicht auszusprechen wagt. Tod wohnt dort und Hunger, Krieg und Pestilenz, doch das sind nur ihre Vorsteher. Dahinter weit und tief in den ewigen Schluchten und Gebirgen verbergen sich andere die alles was so apokalyptisch scheint in den ewiger Angst zusammenkauern lassen, ein Loch suchend. Letzte Hoffnung um nur einen Hauch von Chance auf Leben zu haben. Denn sie wissen die Gebirge sind nur Rücken und Teile von weitaus größerem Tier, dass unruhig schläft.

Dort ein Licht, ein Krieger. Hoffnung auf einem weißen Pferd. Durch eine Allee reitend. Seinen Rittern voran sie in die Schlacht führend. Gegen das was in mir nicht mehr sein soll. Hoffnungslosigkeit und Misstrauen.Vor ihm der Gral scheinend gleißend hell in den Himmeln. Und eine donnernde Engelsstimme treibt ihn voran, peitscht ihn gegen alle Sturmfluten „Sie ist es. Sie ist die eine! Habe Vertrauen, sie ist anders. Es ist da, dort ist es und wartet. Alles und noch mehr!" und ich vereine meine Reiche über denen ich Herrsche. Die Besten wie die Schlimmsten in mir um gegen alles was mich wieder tot sehen will zu streiten. Und zum ersten mal, in mein Leben ist eine Heimstadt von denen Ritter ziehen. Sie scheint über alles, mein Herz hat zum ersten mal in meinem Leben echte Heimat. Du hast nicht gesucht, deshalb hat es dich gefunden. Ich trinke aus ewigen Quellen in mir und segne alle Teile die unter meinem Banner in mir streiten. Wenn ihr wüsstet wer sie ist würdet ihr alles geben damit sie bei mir bleibt. Verurteilt ihr sie immer noch? Sie wird mehr Leben retten als sie es heute weiß. Weil die Schicksale die sie mit mir zusammen hervorbringt an dem aller Menschen und ihren kommenden Generationen liegen. Gott gab mir keine Liebe um mich zu prüfen, sondern weil er Angst hatte vor dem Rest der in mir ist.

Er wird sie mir nicht nehmen. Sie ist geblieben, und wenn ich das heute sehe war sie immer bei mir. In meinen dunkelsten Stunden wie in meinen hellsten. Sie reichte mir die Hand in meiner Einsamkeit. Sie sah mich an aus ihrem Herzen und blickte in das meine. Wortlos fanden wir blühende Ewigkeit. Du küsst mich aber du schneidest mich nicht. Du stichst mich nicht, du hältst mich immerzu. Alte Wunden will ich schließen, die nicht deine Schuld sind. Du hast mich mehr geheilt als alle vor dir. Ich soll deine Welt fürchten? Wen deine Welt mein Schicksal kennen würde hätte sie dich nie auch nur angesehen. Ich weiß wer ich bin und wer du in meinem Leben bist. Und das wusste ich von dem Tag an als ich mehr in dir fand als ich mein Leben lang suchte. Du bist seit diesem ewig schönen Augenblick immer bei mir. Du warst es die heilte. Du hast in diesem einen Augenblick mehr geheilt als ich mir je vorstellen konnte. Und dieser Punkt scheint ewig durch all die Finsternis und die Ewigkeiten in mir. Manchmal denke ich das es besser ist einfach wieder einzuschlafen. Und dann kann ich nicht einschlafen weil du da bist. Und ich erinnere mich das du auch da warst als ich eingeschlafen bin. Friedlich schlafen konnte weil du einfach in meinem Leben bist. Einfach mehr aus mir machst seit du in meinem Leben bist. Davor war es irgendwie nur überleben.

Seit du da bist ist es erst Leben. Zumindest fühlst es sich so an. Und wenn ich nun durch meine einsamen alten finsteren Königreiche streife, sind sie anders. Sie sind nicht mehr finster, einsam oder alt. Sie strahlen alle. Egal ob es Tag ist oder Nacht. Einfach weil du da bist. Weil du in meinem Leben bist. Und ich würde dir so vieles sagen das ich gar nicht in Worte fassen kann. Warum ich jetzt vor Glück tränen in die Augen bekomme. Einfach weil ich weiß das es all die Jahre kein bloßer Rauch war. Nichts Loses, keine Einbildung. Du warst es. Hast gestrahlt aus deinem Leben in das meine hinein durch all diese Zeit. Und hast mich all diese Jahre nie allein gelassen. Du bist die für die ich die anderen immer gehalten habe. Jetzt wo ich in dein Herz blickte bitte verzeih mir, da ich in die anderen Herzen blicken konnte. Keines war wie deines. So Stark und wunderschön und keines davor hat mich so vervollständigt und geheilt. Es ist nicht dein lächeln es ist nicht dein Blick. Es ist wie du bist, dass liebe ich an dir. Du kannst so vieles nicht verbergen auch wenn du es versuchst. Ich weiß du wusstest von mir. Du hast es mir nicht gesagt, ich habe es gespürt.

Und seitdem immer bei mir.
Du bist immer bei mir.

„Ich wünschte ich könnte so lieben wie du liebst." „Das würde dich zerstören und den Menschen den du liebst, weil es für euch beide zu viel wäre."

Nach Wochen war ich wieder bei ihr. Sie wollte kein Geld von mir. Sie wollte nicht das ich bleibe. Sie konnte nicht. Sie durfte nicht. Sie sah sehr Müde aus, verletzt und hatte einfach nur große Angst. Ich habe vieles erkannt vieles gesehen, am gestrigen Tag. Aber eines sah ich nicht das ihr Herz zerstört war. Ihr Herz dieses Herz, dass eben soviel Ewigkeit in sich trägt wie das meine. Ich kenne ihr Herz. Ich kannte es immer. Und auch gestern sah ich es wieder. Es war da. Stark wie am ersten Tag. Riesengroß und es schlug stark wie alle Sonnen. Deshalb ist sie mein Zuhause. Es lag niemals an ihr oder mir, sondern immer nur an ihrer Welt. Beim gehen hatte das Finstere in mir wieder Hunger. Ich lächelte. Warum? Weil ich über alle meine seelischen Höllen herrsche. Alle Dämonen in mir winseln und flehen auf Knien rutschend „Gnade Meister!".

Oh ja, ich kenne ihr Herz. Und sie kennt das meine. Wir erkannten uns schon immer. Durch die Ewigkeiten reichten wir uns durch jede Schrecklichkeit unserer Leben hindurch die Hand aus finsterster Schlimmheit. Ihr wollt mich kriechen sehen? Meine Freunde, es ist der Anfang der Geschichte und nicht das Ende. Es fühlt sich anders an weil es anders ist. Mein Leben sehe ich als Schmiede und nicht als Schmelze.

Und auch dieser Mensch, und seine Welt, und all der Schmerz werden mich wieder schmieden. Härter machen, stärker werden lassen, schärfen. Mich verzieren, mich stigmatisieren. Und heute bin ich ein anderer und wachse jeden Tag an dem Schmerz und all dem Dunkel in meinem Leben. An dem Hunger, am Durst in mir. Diese Verbindung ist ein Naturgesetz oder vielmehr eine Naturgewalt. Und das war sie, ist sie und wird sie immer sein. Es gibt einen Mensch in meinem Leben der hat ein Leben bei mir. Es ist einzigartig und wunderschön. Doch dieser Mensch sieht dieses Leben nicht aus Angst und Unsicherheit. Manchmal fürchten wir uns vor etwas das wir nicht kennen nur weil wir den Schmerz des Bekannten viel zu gewohnt sind. Man hat immer mehrere Leben. Es ist nicht wichtig wie viele dir folgen, solange du weißt wohin du gehst.

Es gibt Menschen die fragen sich wie ich mein Leben aushalte. Ich frage mich wie diese Menschen das ihre aushalten. Es ist eintönig und langweilig, es hat keinerlei Einzigartigkeit in sich. Mein Leben ist anders, von Grund auf. Und darüber bin ich sehr froh. Heute könnte ich sterben im Wissen gelebt zu haben und wäre glücklich nicht so zu sein wie die anderen die diese Welt gleich gegossen hat. Ihr seid nicht anders, ihr seid gleich. Nicht die einzelnen aber die zu Vielen von euch.

Obwohl ihr alle einzigartig währt gebt ihr all das auf, nur um etwas zu finden das ihr nie haben werdet selbst wenn ihr es dann besitzt. Die Schwangerschaft mit mir, war die meine. Die Geburt und die Kindheit war die meine. Mein Leben war nicht immer das meine, es wollte mich schmelzen und mich in Form gießen. Und das hätte mich fast mein Leben gekostet. Ich verurteile die Welt nicht, sie ist so wie sie ist.

Aber es ist nicht die die ich mir für meine Kinder wünsche. Es gibt zu vieles auf der Welt was ich mir selbst nicht wünschen würde. Ich werde meine Kinder gut erziehen. Ich werde ihnen alles lehren was ich weiß über das Leben. Sie einzigartig machen und nicht gleich. Es gibt so vieles was mich und sie verbindet, und dennoch weiß ich fast nichts von ihr.

Aber das was ich weiß ist genug. Manchmal denke ich, dass uns das Schicksal deshalb verbunden hat, weil wir beide ein Leben kennen das nicht vollständig uns gehört. Mit Dingen, Gefühlen und Situationen verbunden zu sein die jenseits von Worten in ungenannten Größen stehen. Beide versuchen wir mit etwas umzugehen das außerhalb unserer Kontrolle liegt. Und einen Weg suchen dabei nicht verloren zu gehen. Sie ist auf einer Nachtmeerfahrt. Vielleicht ist es ihre erste oder diejenige die sie zu ihrer Heimstadt Ithaka trägt. Es ist ein sehr unwirklicher dunkler unvorhersehbarer Abschnitt im Leben eines jeden Menschen.

Man kann dabei auf alle Arten, in sich und an der Welt in der man momentan ist, verloren gehen. Man findet sich dann in Aufgaben und Herausforderungen wieder an deren Lösung man unbeschreiblich wächst. Aber sie sind ebenso hart und schmerzlich, wie heilend und rein. Momentan muss ich auf die unbesehene Führung ihrer Expedition ins ungewisse vertrauen.

Ich denke immer das ich ihr ein Leuchtturm sein muss durch die stürmische See ihres Lebens. Irgendwo hell leuchtend damit sie nicht an den zerklüfteten Klingen der Klippen zerschellt und stattdessen den sicheren Hafen erreicht.

Wandere wieder in meinen Tiefen und alle Höhen sind mit meinem Ich. Blendend verbrennend diesen Punkt der Sonne ist in meinem Herzen und an meiner Seele Kranz gebunden. An ihr das wärmste Schicksal jeder Mär Ewigkeit. Jetzt das dies endlich wird, sinke ich nicht sondern steig in alle Höhen. Seelenschicksal gab mir Flügel und ist Sturm in der selben durch alle meine Lebensspanne Gärten. Herz du schweigst in neuer wärme Frieden. Ich weiß an Orten seiner Heimstadt ist Krieg in zweitem Herz, in anderer Seele. Schweig still Verstand und hör auf sehend Herze Wort, den Friedensgruß.

Vertrau auf diese Weberinnen, ihren größten Plan, auf ihre Führung stärkste Sicht und weiseste Hand. Ithaka wird Heimstadt, ist mein weil eben dein.

Und wenn man im Kopf weiter ist als die nähere Umgebung, dann weiß diese nicht unbedingt was gemeint ist. Sie weiß zum Beispiel bis heute nicht das es das Buch gibt und das das Bild das ich ihr im November geschenkt habe den Buchdeckel ziert. Es ist das erste das ich seit einem halben Jahr gemalt habe. Hat drei Stunden gedauert. Auf der Rückseite steht auf ihrer Landessprache „Du bist immer bei mir".

Es ist nicht das ich um sie Angst hätte. Sie ist in vieler Hinsicht stark genug. Aber da gibt es Punkte das mache ich mir einfach Sorgen. Um den Menschen der sie wird wenn die Stürme weiter an die Mauern ihres Herzens schlagen. Ich habe damit viel Erfahrungen gemacht.

Sie ist kein böser Mensch, sie hat so ein wundervolles Gemüt. Sie hat starke Mutterliebe von ihrer Mutter mitbekommen. Eine Löwin, ist sie eine Kämpferin, nur manchmal vergisst sie das. Darum geht es, das es diesen Teil des Menschen zerstört. Davor habe ich Angst. Und damit lässt man mich auch relativ alleine. Es gibt Menschen die tun nichts um etwas an der Situation zu ändern. Ich hingegen überlege den ganzen Tag lang wie ich Kräfte mobilisiere um sie zu befreien. Um ihr zu zeigen welchen Weg es noch gibt. Sie hat ein Leben von dem sie nichts weiß, hier in meinem Leben. Ich muss dem ungesehenen Vertrauen, einfach so. Und mich darauf verlassen, dass es keinen Scheiß baut.

Von allen Herzen auf der Welt hast du dir meines rausgesucht. Von allen Seelen wollte die deine die meine haben. Von den über sieben Milliarden Schicksalen auf der Welt findest du das meine. Und wenn du mich heute fragst warum es so ist, werde ich sagen - Weil es immer schon so war und immer so sein wird. Weil ich dich retten kann und du mich und kein anderer uns. Weil wir mehr sind und schon immer mehr waren. Was will dieses Leben von mir. Was diese Welt? Kann man überhaupt von wollen sprechen? Gibt es da draußen etwas das ich noch nicht kenne und das alles von mir weiß. Und nur ein Sandkorn im Sturm ist? Aber die Frage ist welches Gewicht hat es? Sollte ich es in meinen Wüsten suchen oder doch dort wo ich schon sooft gesucht habe? Eine neue Suche eine neue Odyssee? Wo fange ich dieses mal an wann ist sie zu ende? Dauert es wieder diese Ewigkeit oder ist es dieses mal ein Ende? Welche Schlachten werde ich schlagen?

Ich bin Müde und alt geworden mit meinen jungen Jahren. Ich sitze hier auf meinem Thron und betrachte die weiten meines innen und außen. Ich sehe in Hitze schmelzende Wüsten, alte und neue. Weite Wälder, dicht und licht. Endlose Ozeane still und stürmend. Festungen, Städte und Königreiche alte und neu geborene. Und ich sitze hier in dieser Halle. Auf diesem meinem Thron und blicke mit all meinen Augen, die Herz, Seele und Verstand heißen, weit darauf. Ich frage mich wo ich bin in diesem Reich und suche mich in allen Richtungen. In allen Höhen und allen Tiefen. Ich schaue allerorts und aller Zeit.

Doch eigentlich kenne ich den Ort bereits an dem ich wohne. Und der dem Mensch der über all diesem sitzt und schweigt, ein heilendes singen, ewiges strahlen und heiliges wärmen ist. Und doch ist mir diese Punkt in diesem Moment zu Nah und doch zu unerreichbar und gleichzeitig ich diesem. Der wie die Sonne über meinem Reich strahlt und es mit Wärme und Heil erfüllt. Ihr wollt sie mir nehmen? Kleine Kinder. Von allen Schicksalen. Von allen Königreichen betritt sie das meine auf solche Weise.

Mit diesem Leben und diesem Teil desselben. Kinder die ihr sie Ärgert lasst sie einfach gehen. Ich werde nicht warnen, habe ich noch nie und werde ich nie. Wenn ihr wüsstet was ich weiß, sie wäre jetzt schon bei mir. Es gibt das Schicksal und es gibt Naturkräfte. Doch das Schicksal wird immer über all den Naturkräften stehen. Über aller Eiszeit, über allem Stürmen, über allen Sternen die in der Ewigkeit gerade ihr letztes Licht scheinen. Sie ist mein Schicksal und ich das ihre.

Eine Bekannte hat mich heute eher unbewusst auf etwas hingewiesen. Da ich weiß, dass das eine karmische Verbindung mit Lernauftrag ist, kann ich das ebenfalls mit in die Überlegung zur Situation miteinbeziehen. Mein Schatzi war immer sehr auf sich alleine gestellt. Hat immer alles alles alleine gemacht. Und es fällt ihr schwer jemandem zu vertrauen und Hilfe anzunehmen. Daher denke ich jetzt, dank einer kleinen Eingebung, dass der Lernauftrag an sie ist wieder zu vertrauen und auch um Hilfe zu bitten, wo sie bei mir ja auch absolut an der richtigen Stelle ist. Kein Problem, bin ja da. Aber warum weiß ich das? Vielleicht weil ich es wissen soll.

Nach den letzten Fotos von ihr die ich erhalten habe, dauert das alles nicht mehr lange. Ich habe ihr das alles aber gesagt, schon vor Monaten. Das sie nicht der Mensch dafür ist, obendrein eine karmische Herzverbindung hat, da braucht man nicht direkt zu Situation-mathematischen Höchstleistungen auflaufen, um zu wissen das das nicht lange gut geht. Ich wollte sie lediglich vor einer gewissen Art von Schaden bewahren, hat sie nicht verstanden und damals gesagt es ist quatsch was ich sage. Ähm ja... die einen hören vorher auf mich die anderen hinterher. Ich habe nicht immer recht aber in manchen Bereichen bin ich doch ziemlich zuverlässig, weil Erfahren.

Ich wünsche ihr momentan Wut. Richtige Wut. Stocksauer soll sie sein über ihr Leben. Sie soll realisieren was sie haben könnte und was sie hat. Und dann wünsche ich ihr reinigende heilende Feuerstürme. Ich muss ihr ein Leuchten sein, und sie eines für mich, durch aller Sturm unserer Leben, unserer Seelen und unserer Herzen. Wir sind eins. Sie ist bei mir und ich bei ihr. Die Idee der Treue, zu sich selbst und zu seinen Idealen durch alles und Allezeit, beherrscht viele meiner Grundsätze. Ich darf nicht außer Acht lassen was dieser eine Mensch in meinem Leben getan hat und erreicht hat. Es soll mir ein warmes Licht sein, ein Tau an dem ich mein Schiff meines Lebens an das rettende Ufer ziehe. Aber für den Augenblick denke ich denke ich das es keine Insel gibt. Viel mehr zwei Boote die zu einer Insel werden, wachsen und zu einem Kontinent werden.

Ich habe mit Schatzi mehr gemeinsam als ich dachte. Beide haben wir nie das gefunden was wir wirklich suchten. Und beide haben wir gekämpft, gehofft und doch verloren. Oft denke ich das es nicht darum geht, vielmehr darum beim verlieren alles zu gewinnen. Innerlich mehr zu finden. Für sich selbst und den Menschen zu dem wirklich gehört. Die Welt und auch das Schicksal sind nie fertig. Es arbeitet unaufhörlich daran dich auf die nächste Stufe vorzubereiten. Dir die Kraft und die Weisheit zu verleihen um den nächsten Schritt zu gehen. Der Situation an sich zu vertrauen fällt mir wegen früherer Erfahrung beispielsweise sehr schwer. Es gab nie eine Art positiver Beständigkeit im Bereich Liebe. Es gab nie irgendjemanden der mal auf solch positive Weise bei mir blieb.

Auch wenn ich sie in vielerlei Hinsicht Idealisieren mag. Auf den letzten Nenner gebracht ist sie ein Segen für mich. Sie richtet mir mein Leben, oder vielmehr gibt sie mir einen Grund dazu.
Einen sehr schönen Grund. Auch wenn sie von meiner Liebe weiß, sie hat sie niemals ausgenutzt. Sie hat nie verlangt, dass ich für die Zeit in der wir nur redeten dafür bezahle. Im Gegenteil es war ihr unangenehm. Ich habe in vielen Teilen gesehen, dass sie genau weiß das ich der Richtige bin für sie. Vor einer gewissen Neuerung mag sie noch zurückschrecken, weil ihr ein bestimmter Funke fehlt.

Ich muss darauf vertrauen das sie diesen zur rechten Zeit erhält. Diese eine Wut. Positive, heilsame Wut. Wut über den Status Quo. Über das Soll und Ist in ihrem Leben. Über das was sie hat und das was sie haben kann. Ist nicht wenig. Mich, meine Welt, meine Freunde und Familie. Alles das. Aber beschönigen will ich hier nichts. Ich bin nicht einfach und die Welt in der ich Lebe ist manchmal recht Nebelhaft und Konfus. Aber wenn ich in die andere Richtung blicke sehe ich dort ebenfalls Nebel. Diese eine Art von Schatten. Dinge die sie mir nie sagte. Dinge die ich nicht weiß. Aber sie ist der Mensch den ich Liebe und somit akzeptiere ich das alles. Und ich werde damit leben. Für sie mit mir und meiner Welt kämpfen. Was ich jeden Tag gemacht habe, seit sie da ist.

Wenn sie ihre Familie wiedersehen will, ist das in Ordnung. Ich helfe ihr dabei und bin für sie da. Wenn nicht, ich habe zwei Familien und Freunde die ich ebenfalls zu meiner Familie zähle. Alle diese Menschen lieben sie, weil sie mir gut tut, weil sie mich voran bringt. Und das alles so Mühelos, einfach so. Ein unbeschreiblich schönes Gefühl. Wenn ich alle Sterne, die ich in diesen wärmsten meiner Tage an dich gebunden habe wieder von dir nehmen würde, du würdest mich immer noch mit dem Glanz aller Sonnen strahlend blind machen. Ich wäre dabei glücklich und würde lächeln denn du wärst mir nie kalt, auch wenn ich alle Wärme nehmen würde die ich in deinem Herzen nur vermute, deine Seele wäre immer noch warm genug für alle die waren sind und sein werden.

Ich habe gegen Windmühlen gekämpft. Ich habe durch alle meine Versuche sie von mir zu überzeugen Verwirrung bei ihr ausgelöst. Ganz einfach weil sie sich schon vor Monaten für mich entschieden hat und nicht verstanden hat warum ich um sie kämpfe. Ich habe übersehen aus welcher Welt sie stammte. Was alles Teil ihres Lebens war, ist und was sie alles bereits durchgemacht hatte. Was mich zu einem Punkt in meinem eigenen Leben bringt. Nie war jemand so positiv und mir warmer Beständigkeit in meinem Leben. Das ist für mich absolut neu und total ungewohnt.

Es verursacht eine ungekannte Angst, die irgendwo unbenannt gemischt ist zwischen Verlust und Bindung. Aber eigentlich war alles gut und auch in Ordnung, was ich total übersehen hatte. Es gab nichts worum ich kämpfen musste. Normalerweise war es so das das was mich am Leben hielt von heute auf morgen auf und davon war, einfach so ohne irgendeine Vorwarnung. Und irgendwie blieb das Gefühl jetzt und aus Erfahrung und Gewohnheit habe ich wieder angefangen zu kämpfen weil ich dachte es ist morgen wieder aus und vorbei. Bloß geplant war was anderes, und zwar kein aus und vorbei. Zumindest bei ihr, sie musste sich nur an jemanden wie mich gewöhnen und sich auf mich einlassen. Weil ich wahrscheinlich der erste positive Partner in ihrem Leben bisher war. Hochinteressant und auch irgendwie etwas komisch. Gerade weiß ich gar nicht wie ich mich fühlen soll. Aber alles in allem ist da nichts negatives. Sie wird kommen und dann wird es in Ordnung sein. Wie geht das denn überhaupt, jemand wie ich trifft auf jemanden wie sie?

Sie hat Angst mich zu verlieren weil es bisher so war? Schatzi, nach allem was mir klar geworden ist und nach allem was ich weiß und realisiert habe, denkst du ich würde dich je wieder gehen lassen? Ich würde diesem „Wir" keine echte reale Chance geben? Es gibt immer einen Weg und ich werde ihn gerne für dich gehen. Ach du und ach ich. In der Beziehung bin ich bei all dem zu viel denken der Idiot und nicht du. Gleich wo du jetzt bist und gleich was du gerade machst, ich will das du weißt ich bin da für dich und ich liebe dich viel zu sehr als das du Angst haben müssest mich zu verlieren. Bei alledem weiß ich nun, ich bin der den sie verdient hat, sie ist die die ich verdient habe. Es führt kein Weg an uns vorbei und an einem positiven Ausgang der Geschichte.

Vieles ist mir aufgefallen, die besten wie die schlimmsten Dinge. Von jetzt und von früher.

Alte Verwundungen durch eine frühere unbeschreiblich Schmerzhafte Verbindung hätten haben durch mich den wichtigsten Menschen verletzt den ich in meinem Leben habe. Ich denke das es bei ihr auch so ist. Die letzte böse Gestörte kostet mich fast diesen wundervollen Menschen? Ich war sauer, richtig sauer. Und hatte mehr Motivation mich auf die richtige Partnerschaft einzulassen. Und so dachte ich mir „Ich will sofort heiraten!". Kaum ausgesprochen fiel mir eben in diesem Augenblick auf, das ich groß auf der Schüssel saß. Ja, irgendwie sehr passende symbolhafte Situationskomik die bedeutet weg mit dem alten scheiß, schaffe Platz für was neues. Schatzi hat mich gestern sehr zum wärmsten lautesten längsten Lachen seit langem gebracht. Egal wo du bist, ich liebe dich!

Liebe sie nicht aus den kleinsten ihrer Gründe. Liebe sie aus endlos größten Gründen aus deiner Herzwärme heraus. Lass dein Feuer strahlen in deinen Taten. Wenn sie tut das gleiche wird es heller als alle Sonnen strahlen und jeden Schatten vertreiben.

Heute ist der 18.5.2017. Ein halbes Jahr Schatzi. Und alles in allem bin ich sehr positiv überrascht von meiner eigenen Entwicklung und von dem was ich weiß. Ich weiß das sie nicht hier ist nur aus den Gründen aus meinem Leben. Es sind ebenso ihre Gründe, die sie auch bei sich selbst sucht. Ich habe ebenso Fehler gemacht, aus alten Wunden, aus Zweifeln, aus Gewohnheit. Aber diese Bedenken hatte sie ebenso. Ich sehe bei mir eine fortwährende positive Entwicklung, einen echten persönlichen Fortschritt in mir und meinem Leben im allgemeinen. Ich will einen Weg mit ihr zusammen finden. Ich will zum ersten Mal in meinem Leben eine eigene Wohnung finden.

Mit ihr einen Platz schaffen. Es beruht auf Gegenseitigkeit. Die Partnerschaft in dieser Welt ist vielleicht nicht einfach mit uns. Das soll aber weder sie noch mich interessieren. Die Welt kann mich mal wenn sie auf diese Weise an mich und den Menschen den ich liebe herantritt. Ich stehe zu ihr und werde ihr helfen wenn sie bereit dazu ist. Ich werde ihre Wünsche berücksichtigen. Ich werde es ihr überlassen, ob wir zum Anfang in einem Bett schlafen, oder getrennt. Ganz einfach weil ich von ihrer Vergangenheit weiß. Ich überlasse es ihr.

Ich werde mit ihr zusammen einen Weg finden damit wir uns verstehen. Einfach reden können und uns Zeit nehmen uns richtig kennenzulernen. Denn genauso wie sie weiß das ich der Richtige bin, weiß ich das sie die Richtige ist. Ich vertraue ihr. Zum ersten mal seit Jahren, oder überhaupt ist jemand in meinem Leben bei dem ich keine Angst haben muss das zu tun. Es ist ein schönes Gefühl. Sie kann auf sich aufpassen und weiß was los ist. Sie ist verrückt, hat aber auch genug Vernunft in sich um das Richtige zu tun zur richtigen Zeit. Weil sie diese hat, hat sie mich auch teilweise nicht verstanden. Sie wusste nicht das andere immer mit meinem Lebenssinn und Lebensinhalt ohne Vorwarnung einfach so weg sind.

Ihr ist es nicht egal. Sie selbst ist sich nicht egal, genauso wie ich mir nicht egal bin. Und auch ich bin ihr nicht egal, genau sowenig wie sie mir nicht egal ist. Ich werde es versuchen und wenn es nicht funktioniert, werde ich mit ihr zusammen eine Lösung suchen. Auch wenn es für mich komplett neu ist und auch für sie, wir sollen diese unsere Liebe neu erfinden. Und wir sollen daran und an uns wachsen. Und das werden wir. Du bist immer bei mir. Ich segne alle deine Wege. Ich will das die Schmerzen die gerade in dir sind heilsam für dich sind und das du in ihnen wächst.

Genauso wie ich an den meinen gewachsen bin. Ich bin für dich da. Ich Liebe dich und glaube an dich. Du bist eine Löwin und keine Maus. Erinnere dich jetzt.

Mir fällt immer mehr auf, dass die Dinge die im Leben des anderen stehen sich ergänzen, sich ähnlich sind oder sich gegenseitig aufheben. Aber warum ist das so? Vielleicht ist das so, weil es so sein soll. Weil es einfach gut werden soll. Wenn ich etwas im Leben gelernt habe, dann habe ich es deshalb gelernt, weil es einen anderen Teil meines Lebens ergänzen soll. Mit mancher Kraft die mich das Leben gelehrt hat, kann ich Dinge stemmen, die vor einigen Jahren noch absolut unmöglich gewesen wären auch nur daran zu denken. Wir ergänzen uns positiv, das ist mir aufgefallen. Das ihre wie das meine, was mir sehr viel Angst nimmt und neues Vertrauen schenkt das alles gut wird. Wenn sich zwei Menschen auf eine solche einzigartige Weise ergänzen, dann frage ich einfach mal wie hoch die Wahrscheinlichkeit dafür ist. Und ich komme da eher auf eine einstellige Zahl, die vor dem Komma eine Null trägt und auch dahinter ziemlich viele. Wie kann es sein, dass sich zwei Leben so sehr ergänzen? Und die Menschen glauben immer noch an Zufall. Was übersetzt eigentlich nichts anderes bedeutet als zu Fallen, etwas fällt mir zu. Der Sinn dafür ist oft nicht offensichtlich, aber es gibt eigentlich immer einen.

Oft sind es nicht der neue Partner, der uns von einem friedliches Zusammenleben mit ihm, oder von einer neuen Beziehung abhalten. Oft sind es zu sehr die alten Gewohnheiten. Die alten Schmerzen die uns daran hindern die Heilung des anderen zu sehen. Zu erkennen, dass der andere von seinem Leben her, perfekt zu uns passt. Die Kanten wurden nicht umsonst vom Leben geschmiedet. Sie sind nicht einfach so da. Sie sind da das wir ergänzend wirken für den Menschen mit dem wir irgendwann den Rest unseres Lebens verbringen. Man muss nur diese Eckpunkte kennen und sie auf die richtige weise betrachten. Als Grund, als Ergänzung zum eigenen Leben. Man muss von sich und seinem Leben, sowie dem Leben des anderen zurücktreten, vergleichen und fragen warum. Wenn sich die Kanten nicht positiv ergänzen, kann es sein das man noch eine gewisse Entwicklung braucht, und das es lediglich ein Lebensabschnittspartner ist. Diese positiven ergänzenden Kanten sehe ich aber, dank dem zurücktreten von der Situation, jetzt bei meinem Schatzi.

Es sind Dinge die mir nicht direkt aufgefallen sind, jetzt sehe ich sie. Ein Gefühl das mir sehr viel Vertrauen schenkt und die Angst nimmt. Sie ist mein wärmstes Schicksal weil sie mir die Energie und die Motivation von Grund auf gibt mein Leben zu sortieren und zum positiven zu verändern. Ich bin 35 und sie hat es jetzt geschafft das ich die Motivation habe von Zuhause auszuziehen in meine erste eigene Wohnung. Sie hat es geschafft mir einen Grund zu geben mich um alles zu kümmern und dafür zu Sorgen das alles positiv verläuft. Sie tut mir nicht weh. Sie hat mir nicht weh getan. Im Gegenteil, sie tut mir gut. So gut, dass sie einfach dadurch das sie in meinem Leben zum ersten Mal positive Komplettheit spüren lässt. Diese führt immer weiter zu meinem Wachstum und heilt mein Herz, mich und mein Leben. Es geht voran wegen ihr.
 Ich bin ihr dafür unendlich Dankbar das sie in meinem Leben bist. Sie ist nicht leise in mir. Sie ist verdammt laut und sehr warm. Immer ist sie da. Jeden Tag seit über einem halben Jahr. Sie hat mein Leben verändert. Sie hat es schöner, stabiler, normaler und besser gemacht.

Es gibt Menschen die denken, dass das alles nur ist weil mich mein Schatzi gut geknallt hat, das ich mich bei alledem selbst belüge. Das das alles furchtbar kindisch ist und sie mir alle sagen das ich der weltbeste Stecher bin. Mal kurz überlegen... Ich habe in den letzten eineinhalb Jahren mit deutlich über 60 Frauen geschlafen. Und das meistens nicht nur einmal. Nein ich habe auch jetzt nicht aufgehört in Laufhäuser zu gehen. Weil es der einzige Weg ist der Frau die ich Liebe auf irgendeine Art und Weise nahe zu sein.

Ich habe mehr Wahrheiten in meinem Leben am eigenen Leib erfahren als andere in fünf Milliarden Jahren nicht. Von dem ich kenne mich doch etwas aus im Leben. Ich weiß zwar nicht alles (und darüber bin ich sehr froh), aber ich weiß wenn mich jemand verarscht und wann nicht. Und sie hat mich noch nie ausgenutzt weil ich sie liebe. Kein einziges mal. Damals nicht und jetzt nicht. Sollte sie mich verarschen ist sie selbst schuld und ich schmeiß sie raus. Punkt. Aber das tolle daran ist das ich das gar nicht muss. Weil ich Dinge an und in ihr gesehen habe, die mir vermittelt haben das sie von Natur aus perfekt für mich ist.

Trotzdem jemanden der mich nicht respektiert und ausnutzt und dergleichen, den schmeiß ich raus. Kann ich mittlerweile von jetzt auf dann. Das ist übrigens auch der Grund warum der erwähnt hat das Schatzi mich nur verarscht und gut geknallt hat nicht mehr Teil meines Lebens ist.

Ich habe ihn wegen ihr kennengelernt. Nein, nicht über ihre Arbeit. Sie sagte ich sollte nicht mehr sooft vor dem Computer sitzen sondern lieber öfters Abends weggehen. Ich hatte ein Stammlokal, habe über selbiges mehr als 30 neue Leute kennengelernt. Ich hätte das von mir aus nie gemacht. Besonders nicht zu der Zeit. Und so habe ich auch den besonderen Kandidaten kennengelernt. War ein guter Freund. Hat aber den Fehler gemacht eine Kleinigkeit zu übersehen. Ich habe ihn nur wegen meinem Schatzi kennengelernt. Und auch seit der Zeit viele neue Bücher herausgebracht und wahnsinnig viel erreicht. Ich habe mich durch ihren Anstoß um Lichtjahre weiterentwickelt. Sie hat mein Leben in ein davor und ein danach verwandelt. Und alles was ich durch sie erreicht habe ist der Grundsatz den man in Zusammenhang mit ihr bei mir respektieren muss. Und das hat er nicht.

Es gibt eine weitverbreitete Einstellung zu Prostituierten in unserer Gesellschaft. Das da von Haus aus gelogen und verarscht wird. Es sind Menschen die aus bestimmten Gründen bestimmte Dinge tun und dafür Geld verlangen. So und wer der einen normalen Job hat tut das nicht? Nur das die Damen dort drin das Teilweise machen müssen, weil sie sich das Leben das wir haben wünschen. Sie wählen nur einen anderen Weg. Und der ist sehr oft sehr Hart und grausam. Ich weiß wie die Welt, das Leben und Menschen sein können. Nur weil man es mir nicht ansieht heißt das nicht das ich das nicht wüsste. Und nein sie ist immer noch nicht da.
Aber ich habe lieber eine imaginäre Freundin die mir Guttut als eine die mich nur verarscht und aus blöd gelaufener Sturheit mir immer das Herz püriert, es dabei noch nicht mal merkt. Mein Schatzi wusste das ich sie liebe und wusste wo sie arbeitet. Sie bat mich daher nicht mehr zu ihr zu kommen.

Das sie heute nicht da ist, ist meine Schuld und nicht ihre. Weil ich nicht auf sie gehört habe und zu viel gemacht habe. Wenn sie wieder da ist, denke ich aber bei der Verbindung nicht wirklich das sie je wieder gehen wird. Und bis dahin lasse ich sie da wo sie ist. In mir als warmer und wundervoller Punkt der immer da ist egal was ich mache. Ich zähle die Zeit mit ihr nicht ab da wo ich als „Kunde" zu ihr gekommen bin, sondern ab da wo ich mit ihr über eine halbe Stunde von ihr gehalten wurde. Sie nichts dafür verlangt hat. Ich kann mich nicht zurückerinnern von jemanden einfach nur gehalten worden zu sein. Von keiner meiner bisherigen Freundinnen oder auch von keiner Dame bei der ich da war.

Sie ist jemand anderes in meinem Leben weil ich wegen ihr jemand anderes geworden bin. Das oben genannte Datum 18.5.2017 war nicht dieser Tag. Aber es war einer der schönsten. Sie hat mir eine Flasche Wasser gegeben. Das das Beste war das ich je getrunken habe. Die Flasche habe ich immer noch. Mit Datum. Dem 18.11.2016. Ich fülle sie mit Rosenöl und roten Rosenblütenblättern. Weil das ihre Lieblingsblume ist. Egal wo du bist oder was du gerade machst. Ich liebe dich. Und ich habe keine Angst der Welt zu sagen warum.

Für mich ist es richtiger die Dinge zu reparieren oder zu schauen wie sie funktionieren. Das gilt Vordergründig mal für mich selbst und für den Menschen mit dem ich mir eine Partnerschaft wünsche. Ich bin eben kein Kind der Wegwerfgesellschaft. „Ja ist gerade komisch, also Tschüss!" gibt es bei mir in der Beziehung eher seltener bis gar nicht. Warum die meisten Dinge so früh in die Brüche gehen glaube ich liegt an dem was einem vermittelt wird als „ Normal". Der strahlende Prinz auf dem weißen Ross, oder die Prinzessin Supermodel. Vögel! Vögel! Vögel! Ihr habt doch nen Knall! Ganz ehrlich. Sucht euch lieber einen Menschen der euch liebt und respektiert egal was Teil von eurem Leben ist. Sucht euch einfach jemanden mit dem ihr Glücklich seit und nicht einen Prestige Partner. Also einen der nur für Status und tollem Aussehen bei euch ist.

Wirkliche Liebe und Partnerschaft funktioniert ganz anders und beruht auch auf etwas anderem. Es gibt auch Dinge die müssen sein. Das sind die Entwicklungen die man durchmacht bis man bei seinem Lebenspartner ist. Und alles davor ist Lehrzeit. Ich habe soviel Dinge in meinem Leben die mir jetzt helfen, die ich aber an dem Punkt als sie Teil meines Lebens waren nicht verstanden habe.

Jeder Mensch hat ein anderes Schicksal und wenn der andere Teil deiner Zukunft ist, dann bleibt er in Wartestellung bis deine Momentane Entwicklung soweit voran geschritten ist das er kommen kann. Ich hätte zu dem Zeitpunkt als ich von ihr wusste, keine Beziehung mit ihr führen können. Keine Chance.

Aber da verstand ich noch nicht warum. Ich verstehe auch heute viele Dinge nicht. Aber ich weiß das sie in meiner Zukunft ist und bleibt. Sie kommt wieder. So jetzt habe ich glaube ich genug gesagt. Ich liebe dich egal was Teil deines Lebens ist, weil ich weiß es bleibt zu viel ungenannt....

„Sie kommen zu mir um nur einmal Glück zu haben."

„Man sagt mir alles geht vorbei...es wird jedoch Spuren hinterlassen."

Karges, wärsmtes Schluchten fuhr in mich.
Erwartende Aura aus ungenannt segnenden Schrecken
lauerten um mich.
Sie war in mir, groß, warm und endlos schrecklich
wundervoll.
Schoss flehend an segnenden Momenten vorüber.
Diese verglühten unter der Allhitze des gleissenden
Ortes im Immerdort. Es schrie singend an mir und
kratzte mit samtenen Prnaken seinen Weg von meinen
inneren Kaiserthümern hinaus in salzene Segnungen im
Finsteren. Ungekanntes trat an uns,
es riss in uns herum, wollte segnen.
Ewig altes Ätherwirren.
War immer um uns, wir atmeten an alle Leben.
Den Besten, wie den Schlimmsten Brüchen.

Die wenigsten Menschen trauen sich etwas zu. Ich weiß
ja erst was ich kann wenn ich etwas versuche und nicht
wenn ich von vornherein einen Grund habe es erst gar
nicht zu versuchen. Ich lasse mir nicht sagen was ich
kann und was ich nicht kann, erst recht nicht von
Menschen die das was ich tue erste gar nicht versuchen.
Was auch eines der größten Probleme für viele
Menschen ist. Unabhängig ob sie in einem Bordell
arbeiten oder bei einer Versicherung. Wenn sie mit mir
unterwegs ist und wir sind zusammen und es ist OK und
einer erkennt sie von früher, würde ich ihm sagen „Jetzt
weiß ich wer das für sie ist. Für mich ist sie die
wichtigste Mensch auf dem Planeten. Sie hat den Willen
gezeigt an ihrem Leben etwas zu ändern und hatte den
Mut es zu tun. Deshalb ist sie jetzt bei mir und nicht bei
ihnen. Sie braucht mein Geld nicht weil sie einen
eigenen Job hat. Sie ist die Mutter meiner Kinder und hat
mir das wertvollste Geschenk was ich besitze. Eine
Heimat für mein Ewig suchendes Herz das durch sie
Frieden gefunden hat."

Das Leben hinterlässt auf uns allen Spuren. Besonders die Tiefen des Lebens und seiner Umstände. Bei mir ist es so das ich ein zerstörtes Grundvertrauen habe. Ich Vertraue nicht Grundsätzlich den Menschen. Aus Erfahrung. Auch wenn ich hier sehr viel von mir Preisgebe. Viel davon hängt eigentlich unter anderen mit meiner Adoption zusammen.

Da wissen Verwandte, Freunde, Nachbarn und so gut wie alle Menschen die du kennst das du adoptiert bist und du selbst weißt es nicht. Es ist nicht das sie es wussten, sondern das sie es mir nicht gesagt haben und jetzt verlangen ich solle allen Menschen auf der ganzen Welt vertrauen. Ehrlich ihr spinnt doch!

Ich spüre sie bei mir. Ich spüre ihre Liebe in mir. Die die sie jetzt für mich fühlt. In diesem Augenblick. Und ich weiß das sie die meine fühlt. Aber fragt mich bitte nicht woher ich das weiß. Ich weiß es einfach. Es ist so viel. Es ist so viel zu viel. Es ist so viel das es einer alleine gar nicht aushalten kann. Keiner kann das. Es ist wie ein druck der aus meinem herzen kommt, durch meinen Körper flutet und von innen nach außen drückt. Es ist so viel. Sie muss dabei durchdrehen, weil ich dabei durchdrehe und so-was gar nicht in der Form gewohnt bin.

Ich weiß aus den Umständen das ich der Frau die ich Liebe mehr Vertrauen kann als den Menschen die mich immer vor ihr gewarnt haben. Sie wusste etwas und hat mich auch auf etwas angesprochen (etwas das sehr sehr Wertuntergrabend für mich ist), dass sie unmöglich wissen konnte. Das habe ich nur einer Handvoll Leuten erzählt. Und jetzt frage ich ganz einfach mal, warum weißt mich ein Mensch einen auf einen Fehler hin und der andere Untergräbt den Wert von einem? Wenn ich jemandem einen Fehler klarmache, ist er es mir wert...

Es gibt immer den unerzählten Teil der Geschichte und den möchte ich hier auch erwähnen. Einige Jahre zurück dachte ich noch das der Mensch der als einziges je zu mir in der Form „Ich liebe dich" sagen wird es erst tut wenn er sterbend in meinen Armen liegt. Ich wusste auch das es für etwas ist das sehr vielen Menschen helfen wird. Ich war an dem Punkt den einzigen Menschen der mir in der Form mir seine Liebe gestand für die Zukunft der Menschen zu opfern. Alle glückliche liebe Menschen und Familien und Kinder. Und meine Frau stirbt für euch. Wie fühlt sich das durch die Jahre an? Ganz ehrlich ein angenehmes Gefühl ist es nicht.

Oder vielmehr die sehr viele da drinnen Angst macht vor einer normalen Beziehung. Weil es da immer einen Teil gibt über den man nicht reden will und für den man sich Schämt. Was sie auch tut. Es war niemals Thema für mich sie deshalb nicht zu nehmen. Im Gegenteil. Jedoch für sie war es ein sehr großes Thema.

Hätten wir uns „Normal" getroffen weiß ich nicht
– so wie ich sie kenne - ob sie mir davon erzählt hätte. In der Situation muss sie das gar nicht mehr.
Weil es Teil von unser beider Leben ist. Sie muss es mir nicht beichten und ich ihr nicht. Was dem ganzen eigentlich sehr sehr die Kompliziertheit nimmt. Es ist etwas Thema in unserem Leben das mehr oder weniger aus unserer Lebenssituation entstanden ist. Geplant das man sich an einem solchen Ort kennenlernt denke ich war es für uns beide nicht. Ich habe das dunkelst Kapitel deines Lebens gesehen uns Liebe dich trotzdem.

Manchmal ist es komisch. Ich liege im Bett und Schlafe ein. Wenn ich aufwache liege ich ganz nach links außen gedrängt da. Als würde sie schon neben mir liegen. Sie wohnt bei mir und ist noch nicht mal persönlich da.
Ja Schatzi...

Heute war ich im Laufhaus bei einer Rothaarigen. Tätowiert und ein bisschen dominant. Danach redete ich mit ihr wie immer über ein paar Dinge aus meinem Leben und auch über Schatzi. Auch darüber wo sie gearbeitet hat. Da kamen wir drauf das diese Laufhaus Kette Provisionen nimmt. Das Bedeutet, dass die Damen einen bestimmten Prozentsatz abgeben müssen. Im großen und ganzen ja nichts besonderes. Was aber für mich besonders ist ist jetzt folgendes: Zu der Zeit als ich zu Schatzi kam und einfach nur mit ihr auf ihrem Bett saß oder einfach nur um Zeit mit ihr zu verbringen (gute 4 mal) hat sie die Zeit mit mir aus eigener Tasche bezahlt. Das heißt hochgerechnet hat sie auf gute sechshundert Euro verzichtet wegen mir. Und obendrein damit ich weiter bei ihr sein kann, dass was ich nicht zu ihr gebracht habe aus eigener Tasche bezahlt. Und das alles nur damit ich bei ihr sein kann. Entweder sie wollte mir das nicht sagen oder sie hat das von Haus aus gemacht. Es ist so wunderschön und... Ich weiß gerade nicht wohin mit mir... Sie hat für mich...Ich kann nicht mehr...Jetzt ist mir nichts mehr genug was ich je für sie tun könnte.

Ich bin der von dir gesalbte Minotaurus, meiner
samtgewordenen Labyrinthe.
Schnaube, Scharre, Stürme.
Breite meine Schwingen aus über unserer
Herzensfestung,
die wir uns schmiedeten
aus finsterer Stätte Tagen.
Mein Löwenherz brüllt allen Welten.
Deines Antwortet mir durch
alles Ewige das bröckelt nur.
Zu neuen Allzeitigen Reichen mauern wir dies alles auf.
Tanzend werden Kinderlachen durch alle Hallen glänzen.
Heiliger Ruf wird eilen um die Welt,
sie erfüllen und reinigen.
Wir thronen schon an diesem Orte immerfort,
gestern, heut' und morgen.
Blick mit deinem Mut auf dieses Leben nur,
du bist schon dort.

Bei meiner Weltsicht, die eigentlich nur aus Gründen der
Selbstwahrnehmung so ist, ist sie der einzige Punkt
Außerhalb von mir den ich zweifelsfrei wahrnehmen
kann. Und das immer wenn sie da ist. Das war bisher bei
keinem anderen Menschen so. Nicht davor und nicht
danach. Noch nie. Und das ist auch das faszinierende.
Ich glaube das ich das bin in ihr.
Und das beste daran ist, dass sie das bei mir auch sieht.
Alles außerhalb von mir ist wie Nebel und dann ist da ein
einziger Punkt in einem einzigen Menschen. Und ein Teil
dieses Punktes bleibt von ihr bei mir und ein Teil meines
bleibt bei ihr.

Du bist immer bei mir.
Du warst immer bei mir.
Du wirst immer bei mir sein.
Ich liebe Dich.

Ich danke allen in Liebe.
Passt auf euch auf.
Seit Stark.
Habt keine Angst zu kämpfen
für das Leben das ihr euch wirklich wünscht.
Ihr habt mehr Kraft, Mut und Herz
als alle die ich zuvor traf.
Wachst an eurem momentanen Leben.
Ihr werdet immer ein Teil von mir sein.
Denkt daran ihr seid Schwestern der Magdalena.

Außerdem von Jack B. Smith erschienen

Modera

Wenn sie annehmen würden, Streifen zu sehen.
Daraufhin der festen Überzeugung sind, es sei ein Zebra.
Dann unumstößlicher Meinung sind, sie wären in Afrika.
Welches Tier muss es sein, wenn es Streifen hat?
Es könnte ja auch der Schatten von Gras auf etwas
deutlich größerem gewesen sein...

Teilweise Autobiographisch, teilweise Philosophisch,
Teilweise seelische Mythologie.

(erschienen 2013)

Worüber Eremiten schweigen

Eine fiktiv poetische
Liebeserklärung eines Eremiten an die Einsamkeit

Eine Reise durch weite Welten...
(erschienen 2017)

Liebling, das Gras ist blau genug!

Kennst du diese Leute, die einem immer sagen, du müsstest von deiner schlimmen Alten weg, und sie suchen dir eine Neue und du dann nie wieder etwas von ihnen hörst. Ich weiß auch, was mit denen passiert ist. Die haben die Neue gefunden und es nicht überlebt. Seit ich eine gewisse Person in meinem Leben habe, ist auch diese innere Stimme weg, die mir etwas Besseres prophezeit. Aber seit ich sie nicht mehr höre, ist da so ein schwingendes quietschendes baumeln...

Über einen heiligen Fluch in meinen Leben, genannt Liebe.
(erschienen 2015)

Hey, Zwangsnormalität!

Der größte Verbrecher war nicht der, der als erstes sein Grundstück einzäunte, sondern der der den Menschen angefangen hat vorzuschreiben was Normal sein muss. Das gefährlichste Wort auf der Welt lautet Normalität!

Über die vermittelte Normalität, mein Leben, Erfahrungsberichte, Gedanken...
(erschienen 2016)

Der Vogelanbeter

Ich bin lieber mit
Anlauf anders
als mit
Gewalt gleich.

Dieses Buch ist
eine Schatzkiste
mit vielen Teilen
meiner Welten...

- ein Sammelsurium -
Texte zum Lachen, träumen und Nachdenken.
(erschienen 2017)

Das weiße Kreuz

Es gibt Religion und etwas, das mehr darüber hinausgeht.
Etwas jenseits davon. Tief in jedem Menschen. Einen
Glauben, den einem das Leben an sich lehrt. Mensch, du
bist eine eigene Kultur, glaube an Dich. Du bist meine
Religion.

Gedanken zu Religion und Glauben.
Einsichten und Ansichten.
(erschienen 2017)

Das wärmste Schicksal

Du bist das wärmste Schicksal
das ich je gekannt.
Der Herze Blume wächst an jedem
Moment an dem Du bist.
Füllt aus bodenlosen Krügen Leere.
Und befiehlt allen Tönen, die schreiend
im Schmerz meiner Seele wohnen,
schweigen.
Balsam dein Blick, dein Lächeln dringt wie
heiliges Licht tief in mich,
lässt mich alles vergessen was war.
Du bist immer bei mir.
Du tust mir gut.
Ich liebe und glaube an dich

Ein Mensch kann dein Leben absolut und von heute auf morgen
ändern... Ich liebe Dich. Du bist immer bei mir...
(erschienen 2017)

Wohnräume

Erfahrungen und Gedanken über Gesellschaft,
Familie und Selbst
(erschienen 2017)